CRISE DE MATERIALIDADE NO SERVIÇO SOCIAL
repercussões no mercado profissional

EDITORA AFILIADA

Dados Internacionais de Catalogação na Publicação (CIP)
(Câmara Brasileira do Livro, SP, Brasil)

Serra, Rose M.
   Crise de materialidade no serviço social : repercussões no mercado profissional / Rose M. Serra. – 3. ed. – São Paulo : Cortez, 2010

   Bibliografia.
   ISBN 978-85-249-0755-5

   1. Assistentes sociais – Brasil 2. Serviço social – Brasil 3. Serviço social como profissão I. Título.

00-3188   CDD-361.30981

Índices para catálogo sistemático:

1. Brasil : Serviço social : História 361.30981

ROSE M. S. SERRA

CRISE DE MATERIALIDADE NO SERVIÇO SOCIAL:
repercussões no mercado profissional

3ª edição
3ª reimpressão

CRISE DE MATERIALIDADE NO SERVIÇO SOCIAL: repercussões no mercado profissional
Rose M. S. Serra

Conselho editorial: Ademir Alves da Silva, Dilséa Adeodata Bonetti, Maria Lúcia Carvalho da Silva, Maria Lúcia Silva Barroco e Maria Rosângela Batistoni

Capa: DAC
Preparação de originais: Carmen Tereza da Costa
Revisão: Ana Maria Barbosa
Composição: Linea Editora Ltda.
Coordenação editorial: Danilo A. Q. Morales
Assessoria editorial: Elisabete Borgianni

Nenhuma parte desta obra pode ser reproduzida ou duplicada sem autorização expressa da autora e do editor.

© by Autora

Direitos para esta edição
CORTEZ EDITORA
Rua Monte Alegre, 1074— Perdizes
Tel.: (11) 3864-0111   Fax: (11) 3864-4290
05014-001 — São Paulo-SP
E-mail: cortez@cortezeditora.com.br
www.cortezeditora.com.br

Impresso no Brasil — fevereiro de 2014

À minha mãe Zilma Serra, com carinho e admiração.
À Maria Olívia, minha eterna gratidão.

SUMÁRIO

Apresentação	9
A temática e o processo metodológico	13
Introdução	19
CAPÍTULO I — Elementos histórico-críticos da crise brasileira na conjuntura dos anos 70 e 80	53
1.1. O regime tecnocrático militar e a instalação da crise capitalista no Brasil	53
1.2. As políticas sociais no período militar	62
1.3. O governo Sarney	66
1.4. O novo ordenamento internacional	70
1.5. O período Collor—Itamar Franco	73
CAPÍTULO II — O governo de Fernando Henrique Cardoso e as respostas à "questão social"	79
2.1. O projeto neoliberal do governo Fernando Henrique Cardoso	79
2.2. A "questão social", suas expressões no Brasil e as respostas do governo Fernando Henrique Cardoso	89
CAPÍTULO III — O Serviço Social do Rio de Janeiro na crise do Estado brasileiro e em face do projeto neoliberal	117
3.1. A categoria "gastos sociais" no Rio de Janeiro e "dados secundários sobre a profissão" no Estado	123

3.2. A categoria "inserção institucional da profissão" 128
3.2.1. Postos de trabalho e vínculo empregatício 129
3.2.2. Condições de trabalho 140
3.2.3. Valorização salarial 146
3.2.4. Atribuições profissionais 147
3.2.4.1. O público-alvo do Serviço Social 150
3.2.4.2. As atividades do Serviço Social 153
3.2.5. Valorização institucional 155
3.3. A categoria "redimensionamento profissional" 159
3.3.1. Demandas sociais 160
3.3.2. Capacitação profissional 166
3.4. A categoria "função" e "utilidade social da profissão" 175

Considerações finais 179

Bibliografia 187
1. Livros e artigos de revistas 187
2. Documentos 198

APRESENTAÇÃO

A professora Rose M. S. Serra é bastante conhecida pelos profissionais do Serviço Social brasileiro — e, neste sentido, qualquer apresentação que dela se faça é supérflua. Assistente social com experiência "de campo", docente e administradora acadêmica, ativa militante dos processos de organização da categoria dos assistente sociais, Rose M. S. Serra desde muito já é protagonista deste universo profissional.

Parece-me cabível, todavia, uma apresentação deste seu livro, de cuja importância certamente logo se aperceberá o público do Serviço Social. Com efeito, desde que publicou, em 1993, o artigo "A crise da materialidade no Serviço Social" (*Serviço Social & Sociedade*, nº 41, abril de 1993), a autora ficou a dever a seus leitores um desenvolvimento mais concreto das idéias ali explicitadas — idéias que, à época, causaram uma polêmica que nem de longe sinalizou inteiramente a inquietação provocada pelo texto.

Recorde-se que o pequeno artigo, para além de aspectos outros, nucleava-se em torno de uma questão central: em face da redução de fundos para políticas sociais públicas voltadas para o enfrentamento da "questão social", redução própria à maré montante neoliberal, que impactos adviriam sobre o exercício do assistente social, profissional histórica e tradicionalmente alocado à execução terminal precisamente de políticas públicas? As indicações fornecidas pela autora, breves e problemáticas, sugeriam um terreno de pesquisa até então muito pouco explorado.

Nos quatro anos seguintes, Rose M. S. Serra dedicou-se a avançar neste terreno, seja no marco da conclusão de seu doutoramento, seja no âmbito de sua atividade como investigadora da realidade profissional. O livro que agora o leitor tem em mãos sintetiza o resultado de seu trabalho, conferindo mais densidade às hipóteses que adiantara no mencionado artigo e desenvolvendo amplamente suas decorrências.

O trajeto analítico percorrido pela autora, preocupada com a profissão historicamente situada, é suficientemente articulado: tendo como ponto de arranque o quadro da crise econômico-social que ofereceu a substância para o que se convencionou chamar de "transição democrática", quadro que não foi ultrapassado até 1994 (Capítulo I), Rose M. S. Serra investe na clarificação do trato recebido pelas implicações dessa cronificada crise nas expressões da "questão social", particularmente sob o governo FHC (Capítulo II). É a partir das determinações elaboradas nestes dois movimentos que ela toma a realidade profissional do Serviço Social, calcada em específica pesquisa de campo conduzida no Rio de Janeiro, tanto para fundamentar quanto para precisar mais adequadamente a sua hipótese-diretriz (Capítulo III).

A resultante desta trajetória — para a qual a autora recorreu a larga e credibilizada bibliografia e a indicadores factuais primários — é a verificação de que, num espaço político-institucional determinado (o da inserção dos assistentes sociais nos *loci* da divisão do trabalho no Rio de Janeiro), e constatada o que definiu como a *crise de materialidade*, o Serviço Social experimenta molecularmente verdadeiras *metamorfoses* sociofuncionais. O que se opera instaurando um horizonte de alternativas e impasses — diante do qual, como propõe a autora (Considerações Finais), só está interditado aos sujeitos profissionais o imobilismo.

Seguramente será possível — e eu diria o mesmo: será necessário — problematizar a argumentação, os desdobramentos, as inferências e as proposições de Rose M. S. Serra. Entretanto, será impossível secundarizar e, menos ainda, ignorar a relevância da sua contribuição: a problemática que ela (re)põe à consideração de seus pares é indescartável. E tanto mais que, neste livro, tal problemática (res)surge com a força que de fato possui na rede das determinações que, no Brasil de hoje, tecem e entretecem as relações no interior das quais as profissões (*todas*) relacionadas ao social vêem-se premidas a questionar-se e repensar-se. Em suma: se as respostas sugeridas pela autora certamente serão objeto de polemização (o que, por si só, já as justifica), a problemática por ela destacada, com igual certeza, só a alto preço não será devidamente apreciada.

Pela coragem com que sobrelevou esta problemática e pela seriedade com que perseguiu as suas respostas, esta contribuição de Rose M. S. Serra inscreve-se entre os textos de Serviço Social a que haveremos de sempre retornar.

José Paulo Netto
Rio de Janeiro, maio de 2000

A TEMÁTICA E O PROCESSO DE CONSTRUÇÃO

Este livro tem como objeto uma temática que suponho ser de interesse para os assistentes sociais: a crise da materialidade do Serviço Social vinculada ao setor público estatal, inscrita no interior da crise capitalista e da vigência do neoliberalismo.

A opção por este tema — originalmente apresentado como tese de doutorado junto ao Programa de Pós-Graduação em Serviço Social da PUC-SP em maio de 1998 — definiu-se a partir das repercussões que um artigo meu publicado (Serra, 1993) provocou junto a profissionais e alunos da área.

A outra razão dessa escolha prende-se ao fato de que, no início de 1994, as entidades organizativas da categoria do Estado do Rio de Janeiro[1] iniciaram o processo de realização de uma pesquisa interinstitucional, de abrangência estadual, sobre *mercado de trabalho e função social* e eu, como componente desse grupo, fui alçada à condição de coordenadora da pesquisa. Essa atividade aproximou-me com a realidade empírica da profissão, indo ao encontro das minhas impressões sobre a mesma em inícios de 1993, quando escrevi o referido artigo.

A conjugação dessas circunstâncias, por um lado, e a estreita vinculação com a profissão durante toda a minha trajetória profissio-

---

[1]. Conselho Regional de Serviço Social (Cress) — 7ª região; Associação Brasileira de Ensino de Serviço Social (Abess/Leste) e Executiva Nacional dos Estudantes de Serviço Social (Enesso).

nal — como assistente social, professora e militante da organização política da categoria —, por outro, deram-me as condições objetivas para desenvolver este trabalho que ora trago a público.

No início dos estudos, procurei identificar o processo de determinação e constituição da crise internacional capitalista de meados de 70 e a instalação da crise brasileira dos anos 80, precedida da recuperação histórica da década de 70, os anos de crescimento econômico. De posse desse conteúdo, precisei compreender as refrações da "questão social" dessa conjuntura de crise; sendo assim, amparei-me em autores que a vêem atravessada na sua determinação principal pela problemática do desemprego e suas inflexões na totalidade do tecido social, posição que satisfez as minhas indagações sobre o perfil da "questão social" nos dias de hoje.

Mas esse caminho ainda não resolveria as minhas inquietações teóricas porque a matéria-prima do Serviço Social, a meu ver, não é a "questão social" como tal, mas o trato que lhe conferiu (e confere) o Estado capitalista. Ou seja, o que constituiu a matéria-prima do Serviço Social, de fato, foram as políticas sociais da era do capitalismo monopolista. Daí que na atual conjuntura, quando as estratégias do Estado capitalista para o trato da "questão social" são outras, tornou-se imperativo perceber que respostas seriam impressas à mesma nessa conjuntura neoliberal com a formação de outro Estado diferenciado daquele do tempo monopolista e, portanto, requisitando outras respostas ao social.

Tal compreensão fundamentou a minha hipótese diretriz; a partir daí, coube identificar as expressões da "questão social" e as estratégias para seu enfrentamento no governo de Fernando Henrique Cardoso. De posse dessa identificação, poderiam ser vislumbrados os contornos da crise do Serviço Social, na medida em que o seu protagonismo de executor de políticas sociais, historicamente instituído nas conjunturas brasileiras de 1930 até os anos 80, estava sendo alterado para uma atuação de menor fôlego nas instituições estatais.

Por fim, coube estudar a morfologia e a estratificação ocupacional da profissão no Estado do Rio de Janeiro, utilizando os dados empíricos que aquela pesquisa colheu, em relação ao objeto do estudo da tese, e identificar as condições de inserção da profissão na realidade institucional do Estado, apontando algumas pistas de redimensionamento e de estratégias da profissão para o enfrentamento dos desafios atuais.

Faz-se necessário, a seguir, efetuar uma caracterização geral da *pesquisa interinstitucional*, referência empírica da abordagem do meu objeto de estudo.

Essa pesquisa interinstitucional tem como objetivo geral "identificar as análises e tendências do mercado de trabalho público e privado e a função social do Serviço Social no Estado do Rio de Janeiro". A partir desse objetivo, montou-se o arcabouço problemático do objeto da pesquisa mediante a constituição das seguintes questões:

> "Quais são as tendências do mercado público e privado da profissão no Estado do Rio de Janeiro? Quais as demandas reais e potenciais que a realidade hoje define para a profissão? Como de fato caracteriza-se atualmente a ação profissional? Como estão instrumentalizados os profissionais, a nível político e teórico-metodológico, para atender as demandas à profissão? Como os assistentes sociais vêm respondendo a esses desafios?" (Serra, 1998:9).

O processo de execução dessa pesquisa persegue uma visão de totalidade da realidade da profissão no Estado por meio da identificação e análise das múltiplas determinações que envolvem os elementos centrais da investigação — mercado de trabalho e função social. Dadas as inúmeras questões, o alcance dos objetivos e o raio de abrangência dessa pesquisa, a mesma configura-se como um processo complexo e multifacetado em termos metodológicos, formatando-se para sua execução em quatro módulos:

I. Cadastro Referência da Pesquisa — atualizou os dados do cadastro de assistentes sociais inscritos até meados de 1994 no Conselho Regional de Serviço Social (Cress), 7ª região, colhendo informações referentes ao campo de trabalho, aos órgãos empregadores e itens referentes à carga horária e faixa salarial. Foi executado em 1995 e concluído em princípios de 1996.

II. Serviço Social: trajetória e perspectivas. Pesquisa de natureza qualitativa com 41 profissionais de Serviço Social, referência para a categoria de diferentes matizes teórico-metodológicos, com atuação na academia, na prática profissional e na organização política. Este módulo teve como objetivo promover um debate acerca das questões centrais da profissão hoje. Foi realizado pelo Dieese do Rio de Janeiro em 1995 e concluído em 1997.

III. O Serviço Social e os seus empregadores[2] compreendem dois eixos de investigação, desdobrando-se em duas pesquisas. A primeira caracterizou as condições de trabalho do assistente social e a segunda colheu o pensamento dos empregadores sobre o Serviço Social.

IV. O perfil do assistente social no Estado do Rio de Janeiro pretende estabelecer um perfil profissional da categoria no Estado em termos da ação profissional, da instrumentalização político-teórico-metodológica e da intervenção técnico-operativa.

A execução desse último módulo dependerá de recursos junto a órgãos de fomento à pesquisa.

Avalia-se que

> "a realização dessa pesquisa está se configurando como um excelente instrumento para a construção de um processo que articule de forma indissociável a qualificação teórica, a prática profissional e a ação organizada da categoria, propiciando, em última instância, um desenvolvimento da capacitação profissional em função de uma maior qualidade no atendimento às demandas das instituições de formação profissional e de prática do Serviço Social" (Serra, 1998:9).

A descrição metodológica do III Módulo que se constituiu, especificamente, a base empírica para a demonstração das minhas hipóteses de estudo será realizada no início do Capítulo III, que trata do Serviço Social. Isto porque a proximidade das explicações sobre os procedimentos metodológicos com os resultados obtidos por essa pesquisa facilitará a compreensão das múltiplas análises ali realizadas.

A apreensão da totalidade dos processos que englobavam o meu objeto no movimento de construção teórica levou-me a definir a exposição do produto dos meus estudos da seguinte maneira:

A *Introdução* contém o movimento de construção do objeto de estudo, apreendendo as suas macrodeterminações e as expressões da crise capitalista em âmbito internacional, e na América Latina em

---

2. Este módulo foi iniciado em 1996. A primeira parte foi concluída em 1997, publicada pela UERJ em 1998, cujo livro foi lançado no IX CBAS, em Goiânia, também em 1998.

particular, além de demarcar o procedimento metodológico no trato da temática desse trabalho.

O Capítulo I apresenta, em termos gerais, o transcurso do modelo de desenvolvimento econômico tecnocrático-militar dos anos 1964 a 1985, centrando os enfoques nas particularidades e manifestações da crise brasileira, objetivo desse capítulo. Faz-se também uma passagem analítica pela transição democrática com o governo Sarney, abordando ainda a época de Collor e de Itamar Franco até a eleição de Fernando Henrique.

O Capítulo II expõe o arcabouço do projeto neoliberal de Fernando Henrique e as suas expressões econômico-sociais na conjuntura atual. A partir desse enfoque, efetua-se o trato teórico-político da "questão social" no capitalismo tardio, identificando as respostas do atual governo brasileiro às refrações da mesma em nosso país.

O Capítulo III contém as expressões da crise econômica brasileira e da crise e reforma do Estado no Serviço Social do Estado do Rio de Janeiro, amparadas nos resultados da pesquisa empírica pela qual se pautou este trabalho. Também empreende-se uma análise sobre demandas sociais e acerca do redimensionamento da profissão, apontando algumas estratégias de capacitação dos assistentes sociais para responder aos desafios atuais.

Nas *Considerações Finais* sintetizam-se o processo de estudo e os resultados alcançados, sinalizando algumas indicações sobre a profissão no tocante às suas inserções na realidade social.

Ao final, registro meus agradecimentos às instituições, colegas de trabalho, amigos e familiares que viabilizaram minha inserção no curso de doutorado e a realização da tese que deu origem a este livro:

À Capes/PICD, pela bolsa concedida; à Sub-Reitoria de Pós-Graduação e Pesquisa da Universidade do Estado do Rio de Janeiro e à Pró-Reitoria de Pesquisa e Pós-Graduação da Universidade Federal Fluminense, que me concederam a bolsa de estudos e a licença para participar do Programa de Estudos Pós-Graduados em Serviço Social da PUC-SP.

Especialmente, ao corpo docente das Unidades de Ensino de Serviço Social da UERJ e da UFF, pela minha liberação para cursar o doutorado.

Em particular, aos professores e amigos da FSS/UERJ, Cláudia Gonçalves, Maria Cecília Carvalho e Ney Luiz de Almeida, pelo apoio e amizade em vários momentos dessa trajetória.

Em destaque as assistentes sociais Mírian de Souza Silva, Angela, à época respectivamente presidente e secretária do Conselho Regional de Serviço Social, 7ª região. Aos pesquisadores, em especial a socióloga Katia Cristian Puente Muniz e a assistente social Sheyla Paiter Freire, pela contribuição e companheirismo.

Ao professor José Paulo Netto, meu orientador, pela contribuição à minha produção mediante o debate instigante que travamos durante o percurso dos meus estudos.

À professora Maria Carmelita Yazbek, pela amizade e solidariedade durante todo o processo do doutorado, em especial pelas suas contribuições e sugestões como componente das bancas de qualificação e defesa da tese, que deu origem a este trabalho.

À amiga Sueli Bulhões, pela ajuda prestada.

A Almé Reis Braga, amiga de todas as horas, pelo apoio especial nessa caminhada.

A Bia Abramides, amiga e companheira de lutas e sonhos, já "bodas de prata", pelo auxílio em alguns momentos.

À minha mãe Zilma, pelo carinhoso acompanhamento e conforto nesses anos; a meu irmão Sebastião pelo apoio e, em especial, à minha irmã Fafá, pela presença e disponibilidade permanentes nessa trajetória.

À doutora Amine Seljan, que cuidou de mim nessa fase com seus competentes florais e abençoadas agulhas e massagens.

Enfim, a Maria Olívia, pela digitação do meu texto e, em particular, pela solidariedade e decisiva dedicação no processo final deste trabalho.

Rio de Janeiro, março de 2000

INTRODUÇÃO

Este trabalho tem como foco a crise da materialidade do Serviço Social vinculada ao setor público estatal, inscrita no interior da crise capitalista brasileira, a partir de meados da década de 80. Crise essa que se apresenta, segundo minha apreensão, com uma dupla dimensão: de um lado, a redução da base material do exercício profissional e, de outro, uma possível hipertrofia da função sociopolítica da profissão.

Essas duas dimensões — a mediação da prestação de serviços sociais (base material) e a função socioeducativa — constituem a dupla função do Serviço Social ao longo de sua trajetória, conforme análises já consensuais no campo da tradição marxista de autores de Serviço Social, a partir da contribuição pioneira de Iamamoto (1982).[1]

Cabe, em primeiro lugar, definir o que estou denominando de materialidade do Serviço Social. De início, ressalto que materialidade não se confunde com objetivação do Serviço Social na sua totalidade, ou seja, materialidade aqui tratada é vista como uma das objetivações do trabalho profissional, constituindo-se sim na principal objetivação da profissão, desenvolvida no âmbito do espaço estatal, seja pela sua amplitude, seja porque representa o nascedouro de sua institucionalidade como profissão.

---

1. O trabalho de Iamamoto inaugura o trato do Serviço Social como prática profissional na lógica da reprodução das relações sociais, apreendendo o significado social da profissão na divisão sociotécnica do trabalho; a partir de 1982 essa passou a ser uma referência indispensável para os profissionais adeptos da tradição marxista.

Portanto, tendo em vista que há várias objetivações que concretizam o trabalho profissional, a materialidade da profissão se constitui uma delas — no caso, o exercício profissional no âmbito das instituições públicas estatais. Materialidade é aqui definida como a base concreta da institucionalidade da ação do Serviço Social no Estado, efetivada na mediação da prestação de serviços sociais das políticas sociais, em especial da assistência social em que ele tem sido historicamente o executor por excelência. Portanto, materialidade refere-se a essa particularidade da ação do Serviço Social, isto é, a essa modalidade de prática profissional. Não se refere e nem abarca outras inserções da profissão (setor privado empresarial e terceiro setor ou entidades sem fins lucrativos), nem os diversos processos e instâncias que compõem a profissão, a saber: corpo de conhecimentos, formação profissional, instrumentalidade técnico-operativa, modalidades de prática e a organização político-profissional da categoria.

Releve-se também que a palavra materialidade aqui não é sinônimo de material, de coisas materiais, embora estas façam parte da prestação de serviços sociais. Materialidade é a base, o chão da intervenção profissional, quer dizer, é a matéria-prima do Serviço Social que, no âmbito do Estado, são as políticas sociais. São estas o solo para a construção dos objetos da intervenção profissional, definidos pelas instituições ou construídos pelos profissionais dentro de suas possibilidades de relativa autonomia.

A prestação de serviços no Serviço Social compreende duas dimensões que constituem e se expressam como uma unidade. A primeira dimensão dá-se pela mediação da prestação de serviços sociais; a segunda é a ação sociopolítica que permeia essa mediação de prestação de serviço. Materialidade aqui tratada é a primeira dimensão que se constitui a base concreta da ação profissional no Estado por meio de atividades como a orientação e a instrumentalização da população usuária para o acesso aos serviços sociais estatais, a triagem de serviços, encaminhamentos, visitas domiciliares, rotinas de atendimentos, além da prestação de coisas materiais, de acordo com a natureza da instituição. Quando essa base material entra em crise pela redução das políticas sociais, ocorre um desequilíbrio na unidade da ação profissional em termos da expressão de suas dimensões, podendo haver a hipertrofia da segunda dimensão, a sociopolítica, que tratarei mais adiante.

INTRODUÇÃO

Portanto, o que estou demonstrando é que nesse setor, o estatal, as condições que deram origem e base à profissão estão se modificando, sob o Estado neoliberal no Brasil, e o Serviço Social está perdendo o chão no seu exercício profissional nesse espaço, configurando uma crise que estou definindo como crise de materialidade.

Por outro lado, é importante destacar que essa crise não é privativa do Serviço Social no âmbito do Estado, mas, sem dúvida, os efeitos dela no interior da profissão têm muito mais impacto, dada a amplitude da inserção institucional estatal do Serviço Social historicamente solidificada.[2] Logo, o esvaziamento da ação estatal na área social pode provocar o redimensionamento do Serviço Social como profissão. Outras áreas que atuam no Estado — como Medicina, Enfermagem, Psicologia, Nutrição —, em razão de sua inserção social como profissão, guardam maiores possibilidades de alternativas de prática no setor privado e de exercício profissional autônomo em consultórios, por exemplo, o que não ocorre no Serviço Social.

A partir do exposto sobre a definição de materialidade, procederei à discussão sobre a questão básica de fundo que é a concepção de profissão, isto é, o que considero ser a natureza do que institucionalmente apresentou-se como Serviço Social.

Concebo a profissão inscrita na divisão sociotécnica do trabalho como uma especialização na esfera da reprodução social, cujo produto social é a prestação de serviços sociais. Sob essa ótica, o Serviço Social é um trabalho e o assistente social é um trabalhador com uma valorização determinada. Essa visão de profissão ampara-se na teoria histórico-crítica que tem o trabalho como uma atividade ontologicamente fundante dos seres sociais, ou seja, pressupõe a centralidade do trabalho na constituição da sociabilidade humana.

Cabe aqui identificar a compreensão sócio-histórica do surgimento do Serviço Social como profissão, situando sua inscrição no

---

2. Somando-se à iniciativa do Rio de Janeiro, estudos sobre a profissão na década de 90 entre outros, as pesquisas "Demandas atuais à profissão de Serviço Social", sob a coordenação da professora Zélia Maria Pereira da Universidade Federal de Pernambuco; "O mercado de trabalho: tendências e demandas aos assistentes sociais", sob a coordenação do professor Ademir Alves da Silva da Pontifícia Universidade Católica de São Paulo e "O perfil do profissional assistente social no mercado de trabalho do Espírito Santo", sob a coordenação da professora Raquel de Matos Gentilli da Universidade Federal do Espírito Santo, indicam entre 72% e 80% de inserção dos assistentes sociais no mercado estatal.

circuito capitalista da era dos monopólios. De início, deixo claro que considero essa profissão como componente da lógica capitalista desse período histórico do capitalismo, cujo elemento fundante são as políticas sociais, constituindo-se estas como matéria-prima do Serviço Social ao longo de sua trajetória, o que dá sustentação ao que estou considerando como crise da sua materialidade.

Como nos afirma Netto (1992:14):

"Em nossa perspectiva, a apreensão da particularidade da gênese histórico-social da profissão nem de longe se esgota na referência à 'questão social', formada abstratamente, está hipotecada ao concreto tratamento desta num momento muito específico do processo da sociedade burguesa constituída, aquele do trânsito à idade do monopólio, isto é, as conexões genéticas do Serviço Social profissional não se estabelecem com a 'questão social', mas com suas peculiaridades no âmbito da sociedade burguesa fundada na organização monopólica".

Vale afirmar, portanto, que não é a "questão social" que funda o Serviço Social, mas um trato dela pelo Estado capitalista em determinada fase de desenvolvimento capitalista. Quer dizer, a "questão social" não se constitui por si só matéria-prima do Serviço Social, mas é elemento desencadeador das respostas sociais dadas pelo Estado capitalista, por meio das políticas sociais que se constituíram a base institucional da ação da profissão no âmbito do Estado, por meio das quais o Serviço Social desenvolve a sua ação profissional, mediando a prestação de serviços sociais que constituem a sua primeira dimensão profissional.

Esse raciocínio concede sustentação ao que estou nominando de crise de materialidade no bojo da relação "questão social" com políticas sociais e destas com o Serviço Social.

Logo, compreender o Serviço Social de hoje, sob a hegemonia neoliberal, requer a apreensão adequada de sua inscrição histórica no período monopolista como um dos mecanismos do Estado capitalista para o enfrentamento das mazelas da "questão social". Nessa perspectiva, tal suposição implica a precisa análise da função desempenhada pelas políticas sociais estatais do capitalismo monopolista, razão da existência dessa profissão.

Essa visão não confere, inequivocamente, o desconhecimento à relação de continuidade entre o Serviço Social como profissão e as suas protoformas, isto é, as diversas manifestações organizadas de filantropia e assistência que constituem um fio condutor ao longo da sociedade burguesa.

Essa admissão, no entanto, é diversa daquela que supõe um *continuum* linear das formas filantrópicas e assistenciais até o Serviço Social, constituindo-se esse como a "racionalização" ou cientificização da assistência como algumas leituras de estudiosos pressupõem.[3]

Netto (1992:67-69) fundamenta essa análise quando apresenta seu trato acerca dessa continuidade histórica: "a relação de continuidade não é única nem exclusiva — ela coexiste com uma relação de ruptura que (...) se instaura como decisiva na constituição do Serviço Social enquanto profissão". Para ele a profissionalização do Serviço Social dá-se quando os seus agentes começam a desempenhar papéis que lhes são alocados por instituições alheias "às matrizes originais das protoformas do Serviço Social", conferindo-lhe de fato aí a "ruptura", e arremata afirmando que "o agente passa a inscrever-se numa relação de assalariamento e a significação social do seu fazer passa a ter um sentido novo na malha da reprodução das relações sociais (...) tornando-se vendedor da sua força de trabalho".

Pelo exposto, afirma-se que é a dinâmica da sociedade da era monopolista que faz surgir essa profissão, ela "cria e funda a profissionalidade do Serviço Social" mediante as políticas sociais, enquanto base material do exercício profissional como substrato dos fundamentos da crise da materialidade do Serviço Social hoje. De fato, são as políticas sociais que dão o solo para a constituição do mercado de trabalho do assistente social como sustentadoras de sua profissionalização institucional; tal pressuposto faz-nos compreender a relação de "continuidade" e de "ruptura" de que nos fala Netto.

Essa é uma mudança básica em relação ao papel do Estado no capitalismo concorrencial, em que as expressões da "questão social"

---

3. No sentido de utilizar uma referência para minhas idéias, optei por estabelecer uma interlocução com as idéias de José Paulo Netto acerca da inscrição do Serviço Social como profissão no capitalismo monopolista. Vários autores no Serviço Social tratam dessa temática, mas é com ele que guardo mais identidade no trato da mesma, sobretudo na relação da profissão com a "questão social" e com as políticas sociais (Netto, 1992).

eram objeto de uma ação coercitiva, e apenas pontualmente as necessidades de reprodução da força de trabalho. Aqui, à filantropia privada cabia uma resposta mais substancial no enfrentamento das demandas da classe trabalhadora.

No capitalismo monopolista, ao contrário, a função do Estado modifica-se de coadjuvante para fundamental no trato da reprodução de força de trabalho; nessa fase de seu desenvolvimento, a burguesia requisita do Estado com maior amplitude a sua condição de guardião-mor dos seus interesses de classe, operando para fornecer as condições necessárias à acumulação do capital. Entre essas funções, destaca-se a reprodução da força do trabalho para a qual as políticas sociais são um mecanismo de especial funcionalidade.

Por outro lado, o Estado é compelido a exercer outras funções, além de garantir a reprodução e a manutenção da força de trabalho para o capital (função econômica); ele é obrigado a desempenhar funções políticas que o legitimem junto às demais classes sociais.

Como nos indica Netto (1992:25),

> "o capitalismo monopolista, pelas suas dinâmicas e contradições, cria condições tais que o Estado por ele capturado, ao buscar legitimação política através do jogo democrático, é permeável a demandas das classes subalternas que podem fazer incidir nele seus interesses e suas reivindicações imediatas...
>
> (...)
>
> É somente nessas condições que as seqüelas da 'questão social' tornam-se — mais exatamente: podem tornar-se — objeto de uma intervenção contínua e sistemática por parte do Estado. É só a partir da concretização das possibilidades econômico-sociais e políticas segregadas na ordem monopolística (concretização variável do jogo das forças políticas) que a 'questão social' se põe como alvo de políticas sociais".

Pelo exposto, as políticas sociais no Estado do capitalismo monopolista desempenham um papel central na intervenção sobre "a questão social" por meio do exercício das suas funções econômicas e políticas, intrínsecas à sua natureza como exigência do Estado capitalista.

Veja-se, a seguir, o significado das políticas sociais na era monopolista, de início, para que possa ser estabelecida, posteriormente, a relação delas com o Serviço Social.

As políticas sociais têm uma participação importante nos processos econômicos de desenvolvimento monopolista, cumprindo função essencial na preservação e controle da força de trabalho inserida no mercado de trabalho ou compondo o exército industrial de reserva. Segundo Netto (1992:27),

> "Os sistemas de previdência social (aposentadorias e pensões) (...) são instrumentos para contrarrestar a tendência ao subconsumo, para oferecer ao Estado massas de recursos que doutra forma estariam pulverizados (os fundos que o Estado administra e investe) e para redistribuir pelo conjunto da sociedade os custos da exploração capitalista — monopolista da vida 'útil' dos trabalhadores, desonerando os seus únicos beneficiários, os monopolistas (...). As políticas educacionais (muito especialmente as dirigidas para o trabalho, de cunho profissionalizante) (...) oferecem ao capital monopolista recursos humanos cuja socialização elementar é feita à custa do conjunto da sociedade (...) As políticas setoriais que implicam investimentos em grande escala (reformas urbanas, habitação, obras viárias, saneamento básico etc.) abrem espaços para reduzir as dificuldades de valorização sobrevindas com a supercapitalização".

Por outro lado, as políticas sociais, como uma das principais estratégias de intervenção sobre a "questão social", exercem também uma função política de legitimação e controle da força de trabalho expressando bem a relação indissociável das funções econômicas e políticas do Estado capitalista monopolista.

As políticas sociais são também fruto da relação entre as classes sociais, ou seja, são o resultado da luta de classe e contribuem na mesma medida para a reprodução das classes sociais. Como afirma Faleiros (1980:59): "A política social é uma gestão estatal da força de trabalho, articulando as pressões e movimentos sociais dos trabalhadores com as formas de reprodução exigidas pela valorização do capital e pela manutenção da ordem social".

Considerando a análise que farei nos Capítulos II e III, relativa ao tratamento das políticas sociais pelo Estado em reforma sob a égide do neoliberalismo, é pertinente a referência nesse momento às políticas sociais privadas que coexistiram permanentemente com as políticas sociais estatais, ao longo do desenvolvimento do capitalismo monopolista. É de notória visibilidade que aquelas políticas sociais (as privadas) têm origem e motivações múltiplas no interior da sociedade civil e que precedem as políticas sociais estatais na sociedade capitalista. No entanto, na era monopolista, conforme Netto (1992:26), "acabaram por ter — salvo em situações muito pontuais — uma ponderação marginal na vida social; (...) com a consolidação da ordem monopólica, o que ocorre é a crescente e efetiva subordinação das políticas sociais privadas às públicas".

Essa ponderação é muito importante em relação às proposições do ideário neoliberal no tocante à transferência da responsabilidade do Estado pelos encargos sociais, por meio de parcerias, para a sociedade civil. Ou ainda, o surgimento de entidades privadas de filantropia empresarial que estão desempenhando funções que, pelo menos a "olho nu", substituem, em parte, o braço protetor "estatal" ante as necessidades sociais mais prementes.

Essa mão visível privada atende ao ideário do Estado neoliberal de transferência da "caridade pública" para a "caridade privada" ao assumir funções de cunho social de maneira mais institucionalizada, constituindo o chamado terceiro setor, aquele de natureza pública não estatal.[4]

É o que denominei de refilantropização da assistência (Serra, 1993:153). Voltarei a esse tema no Capítulo II, ao discutir a reforma do Estado e suas repercussões no Serviço Social.

Coloca-se, neste momento, uma indagação: por que o espaço institucional de expressão dessa crise da profissão é o estatal?

Essa crise de materialidade do Serviço Social configura-se no setor público estatal em razão de o Estado se constituir, no Brasil, desde a gênese da profissão, no seu grande empregador e, ao longo de sua existência, no grande sustentador de maior visibilidade institucional dessa prática social e, conseqüentemente, de sua estatura sócio-ocupacional.

---

4. Os setores empresariais já desenvolvem trabalhos assistenciais de grande monta em áreas populares como favelas; o caso da favela da Mangueira na cidade do Rio de Janeiro é um trabalho exemplar financiado pelas multinacionais Xerox e Goldon Cross. Os mecanismos de ordem estatal para estatuir a relação com esse terceiro setor estão apontados na proposta de reforma do Estado pelo atual governo, a qual será abordada no segundo capítulo.

O trato dessa crise da profissão exige que sua abordagem abarque vários ângulos que configuram a sua concretude.

Em primeiro lugar, há que se situar o arcabouço mais geral de seu nascedouro, isto é, vale então afirmar aqui duas premissas. Primeiramente, estou trabalhando a partir da realidade do Estado do Rio de Janeiro, mas há uma série de indicações de que essa crise tem uma amplitude nacional, resguardadas as suas particularidades regionais e locais. Em segundo lugar, essa crise é resultado, em última instância, de uma estratégia política internacional — o neoliberalismo — que se reflete na realidade nacional e, em particular, no Estado do Rio de Janeiro.

De outro lado, essa crise da materialidade apresenta diferentes expressões nas suas determinações, sendo uma delas o corte dos gastos públicos provocando retração nas políticas sociais públicas estatais enquanto ofertas pelo Estado, corte esse fruto das imposições do capital internacional mediante as políticas de ajuste de desenvolvimento econômico definidas pelos países centrais para os países periféricos. O setor público estatal federal é o primeiro a sinalizar os efeitos desse trato econômico das necessidades sociais e da "questão social" pelo Estado, por essa retração de políticas sociais. No entanto, há outras variáveis que determinam essa crise da materialidade para além dos gastos públicos que tratarei mais adiante.

A outra dimensão do exercício profissional é o seu braço socioeducativo que se caracteriza no arcabouço dessa crise como afirmei no início, pela hipertrofia dessa função.

A dimensão política da prática do Serviço Social se concretiza, portanto, mediante sua atribuição socioeducativa na relação com a população usuária dos serviços prestados por essa profissão. A análise acerca dessa dimensão indica que pode haver uma hipertrofia dessa função, decorrente da redução da base material, hipertrofia essa que teria uma dupla expressão político-ideológica. Em primeiro lugar, é necessário que haja uma resposta imediata à população despossuída dessa materialidade, isto é, a prestação de serviços sociais. Nesse sentido, para o cumprimento dessa função ideológica de explicação/justificação da ausência (ou aumento da seletividade) da prestação de serviços materiais, o assistente social é o técnico por excelência. Isto porque ele tem uma cultura histórica acumulada, nesse particular, na sua formação e exercícios profissionais, é portador de uma capacitação sócio-técnica-educativa para essa atribuição que historicamente lhe foi alocada. Essa primeira expressão da função socioeducativa sinaliza a necessidade da manutenção da profissão de Serviço Social, em consonância com os determinantes da gênese da sua existência como um dos mecanismos auxiliares da reprodução social e do controle e disciplinamento da força de trabalho no trato das inflexões da "questão social" — referenciador da profissão — por meio das políticas sociais, elemento fundante da profissão.

Por outro lado, essa expressão de explicação/justificação da ausência ou redução de direitos corresponde à lógica do neoliberalismo, uma vez que a redução das políticas públicas implica acentuar os instrumentos de seletividade da população para o acesso à prestação de serviços sociais, aspecto esse que será objeto de análise nos Capítulos II e III.

A segunda expressão da dimensão socioeducativa seria a resposta político-profissional do Serviço Social mediante a denúncia e instrumentalização da população usuária dos serviços sociais acerca do significado da redução da base material do exercício profissional, em razão da retração das políticas sociais. Essa instrumentalização pode implicar também estratégias de articulação de luta política entre os setores das instituições, incluindo também a população usuária e segmentos externos às instituições, os movimentos da organização política da sociedade civil, em prol da defesa das políticas sociais públicas estatais.

No que diz respeito à expressão dessa dimensão socioeducativa da profissão, o que determina a sua direção social é a capacitação político-organizativa inscrita em determinado projeto societário popular em confronto com o do ideário neoliberal, tendo em vista o conjunto dos principais projetos na atual conjuntura nacional, sem desconsiderar as mediações de outros posicionamentos políticos que se expressam, necessariamente, nas várias dimensões da prática profissional.

Penso também que essa dimensão socioeducativa do Serviço Social pode estar assumindo hoje o exercício da "velha" prática psicossocial de forma reatualizada, dessa feita também com objetivos destinados às necessidades dos indivíduos portadores de síndromes do desemprego, da instabilidade no trabalho, da desestruturação familiar, da violência urbana, enfim, da desproteção social estatal. Esses indivíduos, não tendo respostas às suas demandas, precisam de alguma assistência a seu estado social. Assim, "compreender" as razões da inexistência ou redução contínua da materialidade dos serviços sociais estatais pela via da justificação/explicação representa a "política social" das respostas imateriais de agora, dentro de uma ótica despolitizada das reais determinações dessa crise ou, por outro prisma, pode até expressar a adesão ao ideário neoliberal.

Em outra direção política, essa redução da materialidade dos serviços sociais estatais propicia uma ação política contestatória, a partir da absorção pela população usuária dos conteúdos de politização sobre os determinantes e efeitos da redução das políticas sociais estatais.

Quando isso ocorre, a dimensão socioeducativa da profissão é utilizada na direção dos propósitos de armazenar indignação e fornecer mecanismos de instrumentalização aos usuários das instituições sociais estatais para, no mínimo, compreenderem os processos políticos que provocam a imaterialidade dos seus devidos direitos sociais.

A partir dessa caracterização inicial da crise da materialidade, tratarei de alguns elementos constitutivos de análise dessa crise à luz da teoria histórico-crítica sustentados por uma primeira hipótese: **A crise da materialidade do Serviço Social vinculada ao setor público estatal, visível a partir da última década, é resultante da conjugação da crise global do capitalismo internacional e da vigência da implantação do modelo neoliberal, em âmbito histórico-universal, a partir, sobretudo, da década de 80.**

Utilizarei dois eixos de análise para explicar essa relação da crise global do capitalismo com a crise particular do Serviço Social, a saber: *os determinantes da crise internacional* e *as particularidades dessa crise na realidade brasileira*, tendo como *núcleo mediador a análise do Estado*.

Para o tratamento dessa hipótese houve a exigência de duas categorias como requisitos de análise — *crise e "questão social"* —, ambas indispensáveis para uma abordagem mais aprofundada da crise atual do capitalismo e da crise e reforma do Estado do capitalismo monopolista bem como para a compreensão da "questão social" na atual conjuntura internacional e suas expressões e respostas no governo de Fernando Henrique Cardoso.

De posse do conteúdo sobre *crise*, pude então identificar as particularidades e expressões da crise brasileira na década de 80 e sua feição nos anos 90, com a implantação do neoliberalismo, como projeto efetivo, no governo Fernando Henrique Cardoso. Tal incursão histórica foi necessária para estabelecer um fio condutor da crise do Estado brasileiro nas diversas conjunturas da história recente do Brasil e chegar até o meu objeto de estudo, cercando-o de suas determinações e expressões principais.

A partir dessa premissa, introduzo a discussão sobre o conceito de *crise* no arcabouço do pensamento marxista.[5]

Este é um debate que nos últimos anos vem sendo objeto de tratamento pelas ciências sociais sob a luz de matrizes teórico-metodológicas diversas; a minha adesão é pelas análises que destrinçam essa questão numa dimensão societal, em termos de seus componentes relativos às alterações advindas da substituição de padrão produtivo a partir dos anos 70, o que redundou em mudanças de toda ordem: no campo do trabalho; no modo da regulação estatal cujo epicentro é a substituição do Estado de Bem-Estar pelo Estado Mínimo; no modo de organização da força de trabalho; nas refrações da "questão social" e o impacto mais visível, a derrocada do chamado socialismo real.

Partilho da posição de Mota (1995) de que a idéia de crise global não se confunde com a idéia de crise geral. Para ela, não seria crise geral concebida como "o esgotamento do capitalismo por força das determinações econômicas", mas uma crise global sinalizando que:

> "a idéia de crise global ou societal diz respeito ao conjunto de transformações econômicas, políticas, sociais, institucionais e culturais que interferem no processo de reprodução social (...) essa concepção aponta para o fato de que, num período de crise, os velhos padrões estão se esgotando, mas o novo padrão ainda não se põe" (1995:88).

Sendo assim, as análises sobre *crise* nessa perspectiva necessitam abarcar essa múltipla dimensão para capturar por dentro as suas

---

5. Ver, a respeito, as posições de Offe (1984), Mandel (1990), Ianni (1992), Kurz (1993), Hobsbawm (1993), Nascimento (1993) e Netto (1993).

determinações, bem como identificar os indicadores de suas expressões de mudanças no tecido social. Ainda sinaliza Mota que a compreensão de crise para além das manifestações econômicas abarca "requisitos sociopolíticos necessários à reestruturação do processo de reprodução social", o que reforça a idéia de que essa crise tem sim, como vetor central, o processo de recessão da economia capitalista, mas implica que "a projeção da crise como crise global está alicerçada no fato de as instituições e os processos sociais, que configuram sua moldura política, terem sofrido profundas mudanças, interferindo no processo de reprodução social" (Mota, 1995:89).

De fato, falar dessa crise exige que nos reportemos, primeiramente, às suas determinações econômicas, pilar básico do desencadeamento de suas múltiplas expressões.

Grande parte dos analistas que estão inseridos na perspectiva histórico-crítica incorpora as posições de Mandel (1980:75) acerca do processo de desenvolvimento capitalista, ao situar o mesmo em "ondas longas expansivas" e "ondas longas recessivas"

> "nos movimentos ascendentes e descendentes da acumulação do capital no decorrer do ciclo econômico (...) num período de oscilação ascendente, há um acréscimo tanto na massa quanto na taxa de lucros, e um aumento tanto no volume quanto no ritmo de acumulação do capital. O ciclo econômico consiste, assim, na aceleração e desaceleração sucessiva de acumulação".

A partir dessa análise da compreensão sobre *crise* e do arcabouço geral sobre as crises capitalistas, explicarei a relação da crise global do capitalismo com a crise particular do Serviço Social utilizando como primeiro eixo de análise os determinantes político-econômicos em nível histórico-universal (e nos Capítulos I e II, os rebatimentos dos mesmos no Brasil).

De novo, utilizo-me de Mandel por meio de suas análises em outra obra (1990:13):

> "Finalmente, na medida em que a longa fase de expansão do pós-guerra chegava a seu fim, em que os principais motores de expansão começaram a se esgotar (...) as contradições da economia capitalista se mostravam mais graves, tanto para cada país imperialista quanto entre eles, assim como entre eles e os países semicoloniais ou dependentes (...)

A recessão generalizada expressa, portanto, de modo sintético, o esgotamento da 'onda longa expansiva que começou nos Estados Unidos em 1940, na Europa Ocidental e no Japão em 1948, e durou até o final dos anos 60'. A nova 'onda longa' caracteriza-se por uma taxa de crescimento média a longo prazo sem dúvida inferior àquela dos anos 50 e 60 (...) é uma crise social do conjunto da sociedade burguesa, uma crise das relações de produção capitalistas e de todas as relações sociais burguesas".

Como em todos os outros conjuntos de crise, a burguesia se reorganiza e responde com saídas de enfrentamento e resolutividade para essa crise dos anos 70, dessa vez ancorada no ideário neoliberal como sustentação político-econômica, cujos princípios básicos defendem o mercado como a grande viga societal em oposição à regulação estatal, apregoando a criação do Estado mínimo como estratégia principal de implantação dessa ordem.

As respostas dos capitalistas para essa crise implicaram profundas alterações, tanto no processo produtivo e de circulação de mercadorias como nas relações de produção entre capital e trabalho.

De outra feita, essas mudanças estão imbricadas, exigem e provocam alterações substantivas também no âmbito da organização das classes burguesa e trabalhadora, inclusive nas relações mesmo entre as facções de classe do capital e do trabalho para responder adequadamente às exigências de respostas a essa crise.

No que importa mais diretamente para o meu objeto de estudo, cabe identificar e analisar a crise do Estado de Bem-Estar Social, análise essa acoplada à criação da resposta do capital sustentada na doutrina neoliberal.

Segundo Netto (1993:66),

"a crise global da sociedade contemporânea, que marca peculiarmente as três últimas décadas deste século, revela-se — plena embora não exclusivamente — na crise do Estado de bem-estar e na crise do chamado socialismo real. Nessas duas crises (...) a crise global mostra a sua dramaticidade, que se expressa como possibilidade de regressão social de que o neoliberalismo é paradigmático".

Os adeptos do neoliberalismo afirmam que o déficit público é a causa da crise econômica e têm o *Welfare State* como o principal alvo, uma vez que para eles a diminuição dos gastos com as políticas sociais provocará a contenção desse excedente deficitário. Ou seja, vale reforçar que para os ideólogos do capital essa crise foi determinada pelos encargos fiscais que provocaram o déficit público e o aumento dos custos dos sistemas de proteção social protagonizados pelo *Welfare State*. De fato, a razão real, não explicitada por eles, foi a diminuição das taxas de lucratividade do capital, ou seja, é uma crise de acumulação e valorização do capital.

Nessa ótica de análise, os determinantes dessa crise têm como base a multiplicação das dívidas públicas que atingiram as bases tributárias do keynesianismo.

Para Fiori (1995b:7),

"antes foi a ruptura da paridade das moedas nacionais com o dólar que decretou o fim dos acordos de Bretton Woods, jogando a economia européia num surpreendente processo de estaginflação (...). Depois, em 1979, foi a alta das taxas de juros mundiais iniciada por decisão unilateral da autoridade monetária norte-americana, responsável por uma nova e profunda recessão das economias européias".

Quer dizer, o déficit público é que é resultante e não causa da crise econômica, e esta não foi causada pelos gastos sociais, mas pelas políticas econômicas definidas pelos representantes do capital dos países centrais.

O reordenamento do capital na área da produção e no âmbito da circulação para buscar maiores taxas de lucro resultou numa nova reestruturação produtiva, a acumulação flexível, que modifica formas, condições e processos de produção e a reorganização dos mercados, bem como as relações sociais capitalistas.[6]

Esse novo sistema incorporou novas tecnologias e gerou novos métodos com profundas alterações nos padrões de uso e gestão da força de trabalho e nos processos técnicos de trabalho com grandes mudanças no mercado de trabalho e novas formas de contratação, com uma radical reestruturação, sendo que uma das conseqüências principais é a precarização do trabalho, como salienta Harvey (1993:143):

---

6. Há um leque bastante significativo de produções à disposição que abordam a reestruturação produtiva; ver, especialmente, Lipietz (1988), Boyer (1990), Clarke (1991), Borges e Druck (1993), Mattoso (1995) e o trabalho de amplo fôlego de Harvey (1993).

"Diante da forte volatilidade do mercado, do aumento da competição e do estreitamento das margens de lucro, os patrões tiraram proveito do enfraquecimento do poder sindical e da grande quantidade de mão-de-obra excedente (desempregados ou subdesempregados) para impor regimes e contratos de trabalho mais flexíveis... além da redução do emprego regular em favor do crescente uso de trabalho em tempo parcial, temporário ou subcontratado".

Como conseqüência dessa nova configuração dos mercados de trabalho, têm-se crescentes níveis do chamado desemprego estrutural e a expansão do mercado informal.

Em razão dessa pulverização e rotatividade da mão-de-obra, produz-se a exigência de um trabalhador polivalente, multifacetado, multifuncional, ao mesmo tempo que ocorre uma desorganização da força de trabalho, gerando trabalhadores empregados e subempregados, o que acarreta competitividade, concorrência e conflitos geracionais, raciais, étnicos e de gênero, configurando uma crise profunda na organização político-sindical dos trabalhadores.

A acumulação flexível vai de encontro à rigidez do fordismo, como nos afirma Harvey (1993:140) ao destacar que

"ela se apóia na flexibilização dos processos de trabalho, dos mercados de trabalho, dos produtos e padrões de consumo... envolve rápidas mudanças dos padrões de desenvolvimento desigual, tanto entre setores como entre regiões geográficas, criando, por exemplo, um vasto movimento no emprego no chamado 'setor de serviços', bem como conjuntos industriais completamente novos em regiões até então subdesenvolvidas".

O padrão fordista se desenvolveu diferentemente nos países periféricos, de forma precária e incompleta, caracterizando o "fordismo periférico", denominação utilizada pela "Escola de Regulamentação", de origem francesa. O Brasil se enquadra nessa caracterização pela sua condição de país semi-industrializado, constituindo-se num exemplo de expressão do fordismo periférico, isto é, sem o desenvolvimento do padrão fordista com pleno emprego, consumo de massas, qualificação suficiente de mão-de-obra, Estado de Bem-Estar Social.

Segundo Borges e Druck (1993:39),

"nos países centrais, o Estado de Bem-Estar cumpriu a sua parte como fonte de financiamento dos custos de reprodução da força de trabalho, elemento fundamental para garantir a 'relação salarial fordista' via salários indiretos — políticas sociais — e condição essencial para a manutenção do consumo de massa. No caso brasileiro, produziu-se um 'Estado de Mal-Estar Social', caracterizado por um Estado privatizado, onde os fundos públicos são apropriados pelo capital, seja na forma de políticas de subsídios, incentivos fiscais, transferências de custos, seja na forma ilícita e corrupta de uso da máquina estatal por segmentos fortes do capital".

Ainda Netto (1993:70) nos aponta que

"a crise do Estado de bem-estar social (...) evidencia que a dinâmica crítica dessa ordem (capitalista) alçou-se a um nível no interior do qual a sua reprodução tende a requisitar, progressivamente, a eliminação das garantias sociais e dos controles mínimos a que o capital foi obrigado, naquele arranjo".

Na verdade, esse é o ponto central de minha análise, porque tratar da crise da materialidade do Serviço Social remete à crise do capitalismo, conforme já situei antes, o que implicou novos arranjos empreendidos pelos capitalistas direcionados para seu objetivo principal, ou seja, o aumento das taxas de lucros. Quer dizer, para o meu objeto de estudo importa identificar no bojo dessa nova resposta da burguesia, particularmente, o enfrentamento da questão social e, por conseguinte, as expressões de tratamento da mesma que estão se conformando, a partir da década de 80, diferentemente daquelas construídas pelo capitalismo monopolista, cujo epicentro foi o modelo ocidental pós-Segunda Guerra do Estado de Bem-Estar Social keynesiano. Essa análise comporá o segundo capítulo.

Conforme nos indica Mishra (1995:xi),

"os ingredientes básicos do Estado de providência keynesiano (...) eram os seguintes: pleno emprego, conjunto de serviços universais ou quase universais para satisfação de necessidades básicas e um empenho em manter um nível nacional mínimo de condições de vida".

Vale relembrar que esses elementos são mais diretamente referentes ao modelo anglo-escandinavo, assinalando com isso que há inúmeras variações do *Welfare State* determinadas por fatores de ordem econômica, ideopolítica e cultural.[7] Portanto, essa diversidade na constituição e desenvolvimento de *Welfare State* em cada país é uma referência imprescindível para as projeções dos rumos desse modelo de Estado no interior das lutas sociais pela sua manutenção como o mais aperfeiçoado instrumento que o capitalismo democrático pôde sustentar.

Os problemas sociais continuarão a exigir respostas; faz-se necessário, então, nessa conjuntura neoliberal, identificar quais respostas estão sendo propostas e implementadas e como contrapor a elas soluções compatíveis com um projeto societário com outra direção ideopolítica.

Mas essas respostas de outra natureza precisam se amparar em um conhecimento aprofundado de todos os aspectos que envolvem o projeto neoliberal no terreno ideopolítico e nas definições de natureza econômica. Daí a necessidade de ser identificado, por dentro, o arcabouço da reestruturação produtiva posta em ação e as correspondentes políticas de ajustes econômicos definidos para os países periféricos pelo capitalismo central que, amparadas nos princípios do neoliberalismo, estão se alastrando nos países periféricos.

É nessa perspectiva que trato o meu objeto de estudo, isto é, ao identificar os determinantes da crise do Serviço Social na sua origem mais geral, pretendo cercar-me dos elementos necessários para apreender os indicativos e contornos de redimensionamento que essa prática profissional vem assumindo na atual realidade.

O raciocínio da minha primeira hipótese anunciada anteriormente implica apresentar alguns indicadores da crise do Estado de Bem-Estar em âmbito internacional, fruto das estratégias neoconservadoras para retrair esse modelo de Estado e que é a razão principal, segundo os liberais, do déficit público, atingindo, em última instância (e em primeira também), a valorização e lucratividade do capital.

É importante, primeiramente, definir neoliberalismo antes de discorrer acerca de seus efeitos e perspectivas. Na verdade, neoliberalismo é uma doutrina, com um receituário econômico e al-

---

7. A singular contribuição de Esping-Andersen (1991) lança luz no debate sobre a constituição e determinações econômico-políticas e sociais dos diferentes modelos de *Welfare State* nos países centrais: o liberal, o corporativista e o universalista.

guns programas políticos vigentes a partir dos anos 70. O ideário neoliberal remonta a Friedrich Hayek com o famoso *O caminho da servidão*, em 1944, e, posteriormente, com outros adeptos, destacando-se entre eles Karl Popper e, num plano menos importante pela dimensão teórica, o pragmático Milton Fredman. O principal objetivo dessa proposta é combater as idéias keynesianas e o Estado de Bem-Estar Social, corolário da defesa de Keynes de um forte intervencionismo estatal.

Para os adeptos do neoliberalismo, segundo Anderson (apud Sader & Gentili, 1995:10),

> "as raízes da crise, afirmavam Hayek e seus companheiros, estavam localizadas no poder excessivo e nefasto dos sindicatos e, de maneira mais geral, do movimento operário, que havia corroído as bases de acumulação capitalista com suas pressões reivindicativas sobre os salários e com sua pressão parasitária para que o Estado aumentasse cada vez mais os gastos sociais".

O neoliberalismo teve êxitos e fracassos. Como hegemonia em nível histórico universal avançou muito até os anos 90, alcançando a Europa, a América Latina e o Leste europeu. A sua meta principal, a redução drástica da inflação, foi alcançada com sucesso marcante em todas as suas experiências, nos primeiros anos de sua implantação. O movimento operário foi marcadamente atingido com "uma queda drástica do número de greves durante os anos 80 e uma notável contenção dos salários (...) A taxa média de desemprego nos países da OCDE, que havia ficado em torno de 4% nos anos 70, pelo menos duplicou na década de 80" (Anderson, apud Sader & Gentili: 1995:15).

No entanto, em relação ao crescimento da economia, os resultados foram decepcionantes: "Entre os anos 70 e 80 não houve nenhuma mudança — nenhuma — na taxa de crescimento, muito baixa nos países da OCDE" (Anderson, apud Sader & Gentili: 1995:15).

> "Em termos de balanço, podemos dizer que o neoliberalismo produziu um retrocesso muito pronunciado, com o agravamento das desigualdades em todos os lugares em que ele foi implantado (...) o resultado mais duradouro do neoliberalismo tem sido a constituição de uma sociedade dual, estruturada em duas velocidades que se coagulam num verdadeiro 'apartheid social'" (Borón, apud Sader e Gentili: 1995:145).

Como corroboram as informações do Relatório do Banco Mundial (1995:137),

"Os países industrializados já se detinham com problemas de emprego há cerca de 15 anos. Os aspectos principais desse problema são a crescente desigualdade na América do Norte e no Reino Unido, a persistência de alto desemprego na Europa continental e, em ambas as regiões, uma crescente subclasse com poucas oportunidades de emprego (...) nas antigas economias de planejamento centralizado, assim como em muitos países da América Latina e do Oriente Médio, que estão passando por ajustamentos, o emprego formal sofreu quedas de 5% a 15% e o salário real, de mais de 40% em casos extremos".

Segundo a Organização Internacional do Trabalho (OIT), em 1987 0,18% dos pobres do mundo era da Europa e Ásia central; em 1993, aumentaram para 1,1%. Segundo a OIT, há hoje cerca de 1 bilhão de desempregados ou subempregados no mundo. Na Europa, são cerca de 30 milhões (*Jornal do Brasil*, Economia, 27.8.97, p. 13).

Na Europa, dados da Comissão Européia de março de 1997 sobre índices de desemprego em relação à população economicamente ativa são preocupantes, entre eles: Espanha, 21,4%; França, 12,5%; Itália, 12,5%; Suécia, 10,9%; Alemanha, 9,7%; Reino Unido, 7,3%; Portugal, 7,2% (*Jornal do Brasil*, Internacional, 27.8.97, p. 10).

Conforme ainda matéria do correspondente Nelson Franco Jobim, do *Jornal do Brasil* em Londres: "O grande crescimento nos últimos anos na Europa é no chamado emprego temporário, sem vínculo, e no trabalho feminino na Inglaterra, por exemplo, é permitido ao empregador firmar contratos por 30 dias e renovar todos os meses sem assumir encargos de longo prazo". Segundo Jobim, na Inglaterra, apesar da vitória da esquerda neste ano, o governo mantém as políticas macroeconômicas e trabalhista do período Thatcher. E na França e Alemanha, os governos têm apoiado a negociação de acordos para reduzir a jornada de trabalho e o salário. Na Alemanha, para os desempregados de mais de um ano, a chance para trabalhar são os chamados empregos marginais, de menos de quinze horas por semana, principalmente no comércio ou em outra atividade de serviços (*Jornal do Brasil*, Economia, 14.9.97, p. 32).

Um plano de inspiração keynesiana com o objetivo de criar 15 milhões de empregos até o ano 2000, por meio de obras de infra-estrutura para estimular a economia européia e melhorar a competitividade, foi abortado em 1993 pelos neoconservadores. Na época, eram 17,7 milhões de europeus (10,8%), e hoje, 1997, a Europa tem 10,9% de desempregados, praticamente o mesmo índice, o que significa que não houve programas dos governos europeus que revertessem esse quadro (*Jornal do Brasil*, Internacional, 28.8.97, p. 10).

No entanto, as perspectivas de enfrentamento do desemprego europeu são mais positivas a partir das eleições na França e na Inglaterra com governos social-democratas. Em junho de 1997, foi incluída uma resolução de combate ao desemprego na União Européia (UE) por pressão da França, no Pacto de Estabilidade que objetiva uma rígida política, prevista para 1999.

Em novembro de 1997, os dirigentes dos quinze países da União Européia estabeleceram prazo de cinco anos (exceção para países com maiores índices de desemprego do que a média européia) para que cada um deles ofereça emprego, formação ou reciclagem aos jovens que estejam desempregados há seis meses e aos adultos desempregados há um ano ou mais (*Jornal do Brasil*, Internacional, 22.11.97, p. 10).

De outra margem, o que se verifica é que os grupos de baixos rendimentos e os mais desprotegidos em situação de risco social são os que estão mais expostos à desproteção social estatal nos países com governos neoliberais, uma vez que as redes de assistência social foram reduzidas, quando não abandonadas.

Nos Estados Unidos, calcula-se que quase um terço das crianças atualmente em situação de pobreza está sem assistência médica porque suas famílias perderam o direito à Medicaid (Mishra: 1995:31). O paradoxo é que em conseqüência do desemprego, do crescimento de empregos de baixos rendimentos, do aumento dos encargos dos seus serviços sociais e de outras normatizações dos governos, ocorreu, por exemplo, nos Estados Unidos, "depois de 1979, um aumento acentuado da população que em estado de pobreza, em 1983, ascendia a 7,2 milhões de indivíduos (...) Em 1985, esta população era calculada oficialmente em 9,4 milhões, um aumento de 55% desde 1979" (Mishra, 1995:31).

Para a nova direita,

"essa ideologia proclama a pobreza relativa e a desigualdade como derivados desejáveis da liberdade e do domínio de mercado (...). O efeito cumulativo de um alto desemprego desde meados dos anos 80, o declínio dos salários e os cortes nos programas sociais podem ser vistos no aumento da população pobre dos Estados Unidos" (Mishra, 1995:31-33).

Por outro lado, as economias nacionais sob a batuta neoliberal estão se vulnerabilizando com as políticas dessa doutrina, o que leva Borón (1995:158) a afirmar, referindo-se a Pierre Saloma, que

"a vulnerabilidade financeira dos países da região latino-americana foi agravada pelo novo endividamento, pela liberalização e pelos desequilíbrios nas balanças comercial e de pagamentos. Em países como o México, a Argentina, a Venezuela, o Brasil e o Chile (...) nesses países 'neoliberalismo' quer dizer aplicar o que dita a ortodoxia econômica do Banco Mundial e do FMI, aplicar o *Consenso de Washington*".

Do ponto de vista de seus efeitos sociais, é visível nos países onde o neoliberalismo foi implantado que

"produziu e continua produzindo, de fato, enormes fissuras sociais nos países de capitalismo avançado. Isto é evidente mesmo para pessoas que vêm dos países do Sul (...) Trata-se de um índice muito variável e concreto da desintegração social em curso. Some-se a isto o aumento na delinqüência, o problema crescente das drogas, a marginalização, o desemprego em massa etc." (Anderson, apud Sader & Gentilli, 1985:168).

No que tange à América Latina em particular, a intervenção do Estado obedece à lógica do mercado de acumulação capitalista periférica que esteve sempre ao longo da história sob relações de exploração, seja colonialista, imperialista ou de dependência. Nessa direção, os modelos econômicos de desenvolvimento e os sistemas políticos de governo revelaram a integração das burguesias nacionais com o capital internacional, subsidiados e amparados pelos Estados desses países em defesa dos interesses da burguesia monopolista.

É fácil concluir diante dessa condição referida sobre formação social econômica da periferia que as políticas sociais sofreram os reveses, traduzindo-se em sistemas de proteção social residuais, compensatórios, com reduzidos recursos sociais. Por essa razão, a periferia americana do Sul não conheceu até nossos dias a experiência dos países centrais de Estado de Bem-Estar Social. Aqui, mais do que lá, a ampliação dos direitos sociais traduzidos nas diferentes políticas sociais setoriais foi fruto basicamente de conquista pelos grupos sociais organizados com poder de maior barganha no processo de acumulação.

Segundo Vasconcelos, na América Latina

"o critério fundamental de exclusão do sistema é o status ocupacional. Ou seja, a cidadania (no sentido da universalidade) ou programas sociais baseados em necessidades reconhecidas socialmente podem existir, mas completamente secundárias em relação às políticas baseadas em critérios fundamentais ocupacionais (...)".

Sob esse prisma,

"figuram os não protegidos pela seguridade nacional, ou seja, os desempregados, subempregados, trabalhadores eventuais, porque desempenham funções não assumidas pelo sistema de previdência local como os trabalhadores agrícolas, servidores domésticos, trabalhadores autônomos etc." (1989:74).

Por outro lado, na América Latina, a partir dos anos 70, houve uma mudança qualitativa no tocante ao enfrentamento do campo social pela eleição do Estado como a principal "instância promovedora do 'bem-estar', através de programas substitutivos que compensam as 'definições' do 'mercado de oportunidades sociais'" (Vasconcelos, 1989:99). Tal estratégia visou basicamente à legitimação de regimes políticos fechados, alguns deles com ditadura militar, como o Brasil, e que reclamavam a estruturação de mecanismos de satisfação de demandas sociais, fruto de reivindicações populares de setores organizados da sociedade civil desses países. De fato, chegava à América Latina o ideário das soluções do keynesianismo europeu.

No entanto, como ainda nos evidencia Vasconcelos (1989:101-102):

"Dentro das condições estruturais do desenvolvimento desigual e combinado do capitalismo latino-americano e brasileiro, a retomada da estratégia de revolução passiva e a reincorporação da temática keynesiana no planejamento social correspondem ao amadurecimento da crise fiscal dos Estados locais. Assim, as próprias condições estruturais da acumulação dadas pela crise fiscal criam, por si, limites profundos à realização do potencial reformista do novo discurso na área social (...) Portanto, o que a realidade comprovará é que "no capitalismo periférico (...) a solução keynesiana pós-populista para o campo social encontrará, primeiramente, um contexto político adverso, dados os regimes burocrático-autoritários de então. Em segundo lugar, e principalmente, será confrontada pelo pleno desenvolvimento da crise estrutural do Estado, já em contexto de crescente recessão econômica e crise fiscal".

Os dados da década de 80 referendam a assertiva anterior, conforme atesta a imprensa latino-americana: Cinqüenta e seis por cento da população economicamente ativa da América Latina sobrevivem com empregos informais, sem qualquer amparo legal, segundo o diretor regional da Organização Internacional do Trabalho (OIT), no seminário "Integração do Setor Informal ao Processo de Modernização":

> "Isto ocorre por conta da necessidade de sobreviver ao processo de modernização que hoje atravessa o Continente. Em 1987, 7,4% da A. Latina e Central completam a fatia dessa parte do planeta na distribuição dos pobres no mundo; em 1993 esse índice aumentou para 8,3%" (*Jornal do Brasil*, Economia, 27.8.97, p. 13).

A política neoliberal na Argentina com o governo Menem provocou um grande estrago nesse país, demonstrado em Smith (apud Borón, 1996:211):

> "O PIB para 1990 declinou 0,5% (...) A desindustrialização continuou (...) os salários reais no setor público baixaram em mais de 40% e o poder aquisitivo dos salários de operários industriais encolheu em 15 e 20% — o suficiente para comprar apenas 40% da cesta básica de bens e serviços. O desemprego e o subemprego superaram a mora sem precedentes de 15% da população econômica ativa (Clarim Econômico, 1990a)".

A outra face da verdade é que os anos de governo neoliberal têm demonstrado, segundo informações colhidas também em imprensa internacional, que o povo argentino está reagindo à piora das condições de vida mediante manifestações de setores organizados trabalhistas.[8]

---

8. O que se tem percebido nas experiências históricas dos governos neoliberais é o apoio da população nos primeiros anos de implantação dessa doutrina com os efeitos dos planos de estabilização econômica e a redução drástica da inflação. Somente quando surgem os resultados sociais dessa política com a implementação de outras metas é que os setores mais politizados da população começam a manifestar-se contra, como foi o caso das passeatas e greves da Argentina em anos recentes, especialmente em 1997.

Ainda Smith nos sinaliza sobre o agravamento da pobreza na Argentina com dados de 1993:

> "essas tendências têm sido desastrosas para os argentinos pobres, um grupo agora estimado em 10 milhões de pessoas numa população de 32,5 milhões (...) Esses novos indigentes são formados por operários e famílias outrora de classe média que haviam no passado desfrutado de um razoável padrão de vida, mas que, dado o prolongado estado de declínio econômico, foram empurrados para uma condição de pobreza (...) um estudo da Unicef mostrou que a metade de todas as crianças argentinas são pobres e que a metade dos pobres é formada por crianças abaixo dos 12 anos sofrendo de subnutrição" (apud Borón, 1995:217).

"Com poucas e evidentes exceções, na maioria dos países do Terceiro Mundo que realizaram medidas de ajuste durante a década de 1980, os esquemas de rede de segurança foram muito poucos e chegaram tarde demais" (Nelson, apud Borón, 1995:321).

O que se apreende dos dados acima é que as políticas de ajuste neoliberais provocam exclusão social e que há uma exigência para os adeptos desse modelo de implantarem mecanismos para o enfrentamento do aumento das necessidades sociais até como estratégia para evitar colapsos sociais que possam comprometer seus propósitos. No entanto, a mesma lógica neoliberal implica esse desmonte da rede de proteção social pela redução das políticas sociais e, portanto, atingindo a espinha dorsal da proteção social. De fato, o que fica evidenciado é que o agravamento da "questão social" em suas refrações nos tempos neoliberais requisita, de pronto, a intervenção estatal, com o incremento de políticas sociais respondentes a essa situação. E, paradoxalmente, como resposta da lógica neoliberal, o que ocorre é exatamente o contrário, isto é, a desproteção social, sob a égide de vários mecanismos de desregulamentação estatal.

Em que pesem as evidências dos efeitos econômicos da implantação do neoliberalismo em âmbito histórico-universal, como apontei nessa demonstração de dados sobre a realidade de alguns países, minha posição é que no arco de abordagem das políticas sociais as análises não podem ser restritas à questão dos gastos, mas devem abarcar outros componentes.

Nessa direção é que concordo com o pensamento de autores que analisam a crise do *Welfare State* sob perspectivas para além dos gastos sociais.[9] Quer dizer, da mesma forma que pode ser enganosa uma aparente intocabilidade na estrutura dos benefícios sociais em termos de políticas sociais universais sem identificar a retração particular das políticas assistenciais, também a ênfase nos gastos sociais como base de análise da crise do *Welfare State* pode esconder outros mecanismos não econômicos que visam a sua desmontagem, com efeitos a médio e longo prazo.

A partir dessa apreensão e amparada na posição dos autores por mim estudados, construí minha segunda hipótese de estudo, a saber: **As investidas do neoliberalismo contra o Estado de Bem-Estar Social não se limitam à redução de gastos sociais, mas implicam outros mecanismos de ordem institucional e sociopolíticos que visam à desmontagem desse tipo de Estado.**

De acordo com minha percepção dessa questão, ao lado da retração financeira dos gastos sociais há outros aspectos de naturezas diversas: *1) a reforma do Estado na sua estrutura, composição e funcionalidade; 2) a estratificação dos serviços sociais; 3) a desqualificação dos serviços públicos e 4) a desvalorização do servidor público.*

O primeiro elemento será objeto de uma análise mais específica no Capítulo II, ao discorrer sobre o governo neoliberal de Fernando Henrique, quando me deterei no Plano Diretor de Reforma do Estado que está referenciando a reforma administrativa em pauta no Congresso Nacional.

O segundo aspecto que mencionei, a estratificação dos serviços sociais, tem sido preocupação de alguns estudiosos[10] dessa temática. A tônica dessas apreensões é que a estratificação social da sociedade capitalista leva à fragmentação dos interesses de grupo. Esse aspecto determina, em última instância, a divisão entre serviços universais e seletivos conforme a posição e a força de pressão dos segmentos sociais.

---

9. Ver análises de Rosanvallon (1984), Brunhoff (1985), Esping-Andersen (1991) e Mishra (1995).

10. Especialmente, consultar Brunhoff (1985) e Esping-Andersen (1991).

Segundo Korpi (apud Mishra, 1995:45),

"os programas sociais universais beneficiam as classes média e operária e, portanto, são fortemente apoiados pela opinião pública e são menos vulneráveis às políticas de retração. Os programas residuais que servem a uma parte da classe operária tendem a dividir os trabalhadores: estes programas seletivos são mais vulneráveis à retração".

Brunhoff (1991:103) nos indica que

"alguns estudos sociológicos mostram que as desigualdades entre as classes foram mantidas pelo uso dos equipamentos coletivos disponíveis para todos (...). Por trás do igualitarismo das intenções e do princípio para 'todos', opera-se uma seleção de classe, que faz a triagem dos beneficiários, de tal modo que as desigualdades sociais, em lugar de serem atenuadas, são também um produto do uso dos equipamentos coletivos".

Para explicitar o percurso de análise em relação aos dois componentes da desqualificação dos serviços sociais e da desvalorização do servidor público, em função dessa segunda hipótese, utilizarei dados oficiais de organismos internacionais e do Brasil e de autores, principalmente os estudos de Mishra (1995:37), que demonstram com dados empíricos tal perspectiva: "(...) embora as despesas sociais e os programas gerais sejam os aspectos mais visíveis do Estado-Previdência, centrar-nos exclusivamente neles faz-nos correr o risco de não levarmos em consideração outras mudanças significativas". E completa: "Portanto, a análise corre o risco de se revelar inadequada e seriamente enganosa, se puser em contraste a ideologia e a retórica da nova direita — sem que se examine as variáveis intervenientes do programa partidário e da agenda governamental em termos de política social".

Nessa ótica, a má qualidade dos serviços públicos sociais e a redução e a desvalorização da mão-de-obra técnica e auxiliar podem ser dois elementos fundamentais na consideração da ossatura do Estado. O primeiro deles, a má qualidade, significa um poderoso aliado dos governos neoliberais para criar uma cultura da desqualificação do público reforçada por propagandas na mídia que acabam por provocar na população a reação da rejeição da coisa pública, criando-se a aceitação subliminar de adesão ao privado e, portanto, de apoio à política de privatização dos governos neoconservadores.

A permanente deterioração dos serviços públicos essenciais como saúde, educação, previdência social, pode levar a que a população aceite a privatização dos mesmos com mais facilidade por causa da descrença na possibilidade de reversão dessa situação. Daí que a deterioração pode ser também uma estratégia para, a longo prazo, captar a adesão popular às privatizações, legitimando-as como o remédio necessário. É o que nos aponta Taylor-Gooby, apud Mishra (1995:39): "(...) se as vozes se calarem e os níveis de prestação não melhorarem, e se o governo alargar as oportunidades de abandono de um serviço estatal direto, poderá perder-se rapidamente a lealdade aos serviços públicos", ou, em outras palavras, a universalidade pode ser mais facilmente desmontada sem a resistência dos setores organizados da sociedade em geral. A conseqüência diante desse quadro é o desejável pelos neoliberais, como é arrematado por Mishra (1995:43):

> "À medida que se deixa deteriorar os serviços públicos, os que pertencem ao núcleo 'duro' — a população com emprego fixo, bons rendimentos e regalias no trabalho — terão como perspectivas a compra de serviços no mercado privado. A periferia consistirá numa minoria dos pobres, com ou sem trabalho, que tem de se apoiar em serviços públicos cada vez mais marginalizados e guetizados".

O outro componente — a redução e a desvalorização de mão-de-obra técnica e auxiliar para a prestação dos serviços sociais das políticas sociais — é central para a apreensão adequada das perspectivas desses serviços em termos de abrangência e qualidade.

Há indícios de que isso é um processo em nível internacional, mas, no caso do Brasil em particular, não há necessidade de nenhum referencial mais apurado de análise para a conclusão sobre a inexistência de políticas de cargos e salários para o conjunto dos servidores estatais que visem a sua valorização profissional e dedicação ao serviço público. Aqui também, pelo projeto de reforma do Estado, reproduz-se a lógica da fragmentação da reestruturação produtiva mediante diferentes segmentos de servidores com salários e proteções específicas e diferenciadas.

O relatório de 1995 do Banco Mundial (1995:105-107) assim define essa questão:

> "A deficiência no fornecimento de bases e serviços públicos essenciais é generalizada (...). Os salários baixos reduzem a lealdade e a

dedicação de muitos funcionários públicos (...) A redução de gastos em equipamentos e material resultou em maior deterioração da qualidade dos serviços públicos. Os funcionários públicos não dispunham dos instrumentos necessários para o desempenho do seu trabalho".

O que estou tentando demonstrar é que as investidas contra o *Welfare State* e o êxito ou fracasso das suas políticas não depende exclusivamente do fator gasto público; há também resistências e empecilhos de ordem política e cultural utilizados institucionalmente pelo Estado que implicam a busca de estratégias pelos governos neoconservadores e que estão produzindo efeitos lentos e graduais para a desconstrução do modelo do Estado vigente e, conseqüentemente, criando as bases para implantação do Estado Mínimo.

As análises de Mishra (1995:7) demonstram esse movimento nos países que na década de 80 adotaram o figurino neoliberal, como Estados Unidos e Inglaterra. Esses governos tinham como objetivo a redução do déficit público e corte nos gastos sociais; no entanto, ao final de seus governos esse propósito não foi bem atingido:

"O que aconteceu foi que, no tempo de Reagan, o déficit orçamental elevou-se como nunca. No Reino Unido, também o advento do governo Thatcher coincidiu com um crescimento, e não um decréscimo, das despesas públicas (...). A estrutura dos serviços sociais universais, nomeadamente a educação, a saúde e a segurança social, também se manteve em grande parte intacta, quer nos Estados Unidos, quer no Reino Unido, apesar das proclamações neoconservadoras sobre privatização e retração da assistência social".

Em contrapartida, também é verdade que outros determinantes não ideológicos podem gerar efeitos contrários aos propósitos originais também em governos que visavam à manutenção do *Welfare State*, como Mishra ainda sinaliza (1995:7): "Por outro lado, os regimes sociais-democratas como a Suécia e a Áustria, ao mesmo tempo que defendiam o princípio da responsabilidade coletiva em relação ao bem-estar nacional, na prática foram obrigados a cortar gastos sociais e a aceitar níveis mais altos de desemprego".

Essas evidências de coloração diversa só revelam que há uma rede de múltiplas determinações no que se refere às expressões da crise capitalista nos Estados nacionais e que as análises meramente econômicas ou, por outra, centradas apenas nos aspectos ideopolíticos não dão conta de explicar as diferentes conformações que cada Estado-nação capitalista (mesmo no capitalismo central) evidencia na sua trajetória de desenvolvimento econômico e social. É ainda Mishra que nos alerta para a questão dos pré-requisitos culturais, políticos e institucionais como elementos constitutivos importantes que interferem na feição que a crise assume em cada realidade particular e como definem e constroem "arranjos" para resolver e enfrentar determinada crise:

> "a sociedade não consiste apenas em classes e grupos sociais; também tem ordens institucionais. Estas podem ser vistas como formas de atividade baseadas em certos princípios ou valores básicos e organizados para se atingirem fins específicos. Exemplos: a ordem econômica, a ordem política, a ordem militar, a ordem educativa, a segurança social etc. Cada um destes setores pode conter definições ou contradições que podem dar origem a desequilíbrios e instabilidade" (1995:13).

Sendo assim, analisar a crise do Estado tendo como referência apenas argumentos da ordem econômica significa ater-se somente a um ângulo da questão. Ou seja, o foco apenas nos gastos pode levar a análises e conclusões enganosas ou incompletas. Também nos indica Esping-Andersen (1991:99):

> "Os gastos são epifenomenais em relação à substância teórica dos *Welfares States*. Além disso, a abordagem quantitativa linear (mais ou menos poder, democracia ou despesas) contradiz a noção sociológica de que o poder, a democracia ou o bem-estar social são fenômenos relacionais e estruturais (...). Gastos baixos em certos programas podem indicar um *Welfare State* comprometido mais seriamente com o pleno emprego".

No caso brasileiro, o atual Plano Diretor da Reforma do Aparelho do Estado brasileiro é a demonstração cabal das alterações definidas para o Estado pelo neoliberalismo: nele estão previstas diferentes medidas que contemplam as várias dimensões do arcabouço do Estado Mínimo gerado por essa doutrina, plano esse que será abordado no Capítulo II.

Do ponto de vista de meu objeto de estudo, a correspondência dessa situação com o Serviço Social é inequívoca, isto é, a desmontagem do Estado brasileiro (articulado conforme as restrições do padrão de desenvolvimento capitalista periférico, mas com inspiração em traços do *Welfare State*) e, conseqüentemente, a redução de políticas sociais — base concreta da ação dessa profissão no Estado — significa a ocorrência de uma alteração substantiva no exercício dessa prática profissional, dada a sua natureza de condicionalidade histórica na mediação da execução de políticas sociais estatais, majoritariamente. O que equivale a afirmar que o espraiamento do modelo neoliberal na realidade brasileira pode implicar o redimensionamento da prática do Serviço Social em relação à formatação de seu exercício profissional no interior do Estado (e, em decorrência, na sociedade civil); redimensionamento esse atravessado pela crise de sua materialidade no âmbito dessa objetivação estatal, conforme estou demonstrando no presente trabalho.

Nessa linha de raciocínio e em função da natureza da minha pesquisa — a crise da materialidade do Serviço Social —, a abordagem de "questão social" como segunda categoria teórica a ser trabalhada na sustentação da primeira hipótese será realizada no bojo da análise das respostas à "questão social" pelo governo neoliberal brasileiro, análise essa componente do Capítulo II. Assim, procederei, naquele momento, a uma breve recuperação histórica da constituição da "questão social" como problema decorrente do sistema capitalista, centrando as análises sobre a mesma nas suas refrações no capitalismo tardio, considerações essas envoltas por compreensões de alguns autores sobre as suas determinações na conjuntura internacional e no Brasil.

No entanto, tal abordagem da "questão social" não poderia se dar sem que fosse precedida do trajeto de instalação da crise capitalista iniciada na década de 70 nos países centrais e das suas particularidades no nosso país, base de sustentação para o tratamento da "questão social", cujas inflexões atuais são determinadas mais diretamente por essa crise.

Portanto, fez-se necessário identificar o transcurso do modelo de desenvolvimento econômico dos governos militares, a partir da decretação do golpe militar nos idos de 1964, apreendendo-se os principais processos sociopolíticos que o regime tecnocrático-militar imprimiu na ordem econômica brasileira para perseguir suas metas econômicas, bem como os mecanismos institucionais escolhidos para o enfrentamento da crise internacional em terras nacionais.

O desenho dessa crise brasileira no meu trabalho de pesquisa é peça básica para que a passagem de tal modelo econômico militar brasileiro para o período atual do neoliberalismo dos anos 90 seja compreendido não como uma ruptura, mas como uma alteração do ponto de vista das investidas permanentes do capital internacional e das elites econômicas nas reciclagens para a permanência da formação social capitalista.

De posse dessas ferramentas histórico-teóricas que atravessam o meu objeto de estudo, definiu-se o caminho de análise particular dos elementos do Serviço Social que se constituíram peças de estudo, cuja hipótese constituída nesse processo de apreensão histórica configurou-se da seguinte forma: **A crise da materialidade do Serviço Social vinculada ao setor estatal pode estar implicando um redimensionamento da profissão com indicações de redução de sua institucionalização estatal, sobretudo nas esferas federal e estadual e com perspectivas de fragmentação na absorção de assistentes sociais e de maior precarização das condições de trabalho nesse mercado de trabalho.**

Para o desenvolvimento dessa terceira hipótese era preciso que meus estudos utilizassem o recurso da investigação empírica com a captação de dados da realidade da profissão determinada pelos processos de mudança em curso, conforme a pesquisa teórica apontou. Sendo assim, pude amparar-me nos resultados da primeira parte do III Módulo da Pesquisa Interinstitucional, cujo objeto investigado foi o mercado de trabalho do Serviço Social no Estado do Rio de Janeiro. Tal conteúdo deu-me sustentação no tocante às expressões da crise da profissão no recorte da sua objetivação estatal no âmbito estadual que me convinha como estudo de caso, demonstrativo da tese que estou defendendo em meu livro.

Com essa referência empírica, sob o crivo e na relação com os fundamentos histórico-críticos apreendidos, pude me instrumentalizar também para indicar alguns elementos de redimensionamento da profissão, tendo como horizonte as novas necessidades e demandas sociais decorrentes e requisitadas pelos processos de implantação no Brasil do ideário neoliberal e de seu braço econômico, a acumulação flexível.

Cabe aqui ressaltar que a abordagem da categoria redimensionamento da *profissão no seu conjunto* não significa uma impropriedade no meu estudo, considerando que o objeto de estudo é a inserção profissional do setor estatal. A abrangência e a extensividade da inserção da profissão em quase 80% do universo, indicada pela pesquisa, base empírica do meu trabalho, deram-me fundamento para concluir que as alterações substantivas no âmbito estatal também repercutem substantivamente na totalidade da profissão.

Portanto, a análise dos elementos *necessidades e demandas sociais, função social e capacitação profissional* justifica-se como decorrência dos meus estudos, cujo propósito é também sinalizar algumas saídas para o Serviço Social, como profissão, frente aos desafios presentes.

Em síntese, o processo metodológico por mim adotado, com base histórico-crítica, implicou um movimento de investigação que foi se conformando na dinamicidade que o processo de apreensão teórica do objeto em estudo foi definindo. Por outro lado, a exposição de resultados desse movimento obedeceu à lógica de que o objeto necessitou para sua adequada compreensão teórico-empírica.

CAPÍTULO I

ELEMENTOS HISTÓRICO-CRÍTICOS DA CRISE BRASILEIRA NA CONJUNTURA DOS ANOS 70 E 80

1.1. O Regime Tecnocrático Militar e a Instalação da Crise Capitalista no Brasil

Em 31 de março de 1964 uma coalizão civil-militar, via golpe militar, tomou o poder do Estado no Brasil. A crescente expansão do capital internacional, após meados da década de 50, no incremento do processo de industrialização do país, configurou uma aliança entre o capital multinacional, o capital nacional associado-dependente e o capital do Estado, situação essa aprofundada a partir do golpe de 64.

O regime ditatorial militar estendeu-se por duas décadas, de 1964 a 1985,[1] quando se deu o advento da chamada Nova República, atravessando períodos com características muito diferenciadas. Segundo Tavares e Assis (1985:12-13), assim podemos entender essas fases:

"Ao longo de duas décadas de autoritarismo, e tomando-se a política econômica como eixo de referência, podem distinguir-se quatro perío-

---

1. Há uma enorme quantidade de estudos sobre esse período da história brasileira; consultar em especial, pela densidade e abrangência, as publicações de Alves (1989) e Netto (1991).

dos básicos e dois interregnos de transição: o período das reformas institucionais, sob a regência da dupla Otávio Gouvêa de Bulhões, no Ministério da Fazenda, e Roberto Campos, no Planejamento; o interregno em que Hélio Beltrão exerceu o Ministério do Planejamento, até a usurpação cabal do poder político pela Junta Militar, em 1969; o primeiro mandarinato do ministro Delfim Neto, com o 'milagre' econômico; o sonho de grande potência no período do general Ernesto Geisel, com João Paulo dos Reis Veloso no Planejamento e Mário Henrique Simonsen na Fazenda; o interregno de frustrada hegemonia 'ortodoxa' de Simonsen no início do governo Figueiredo e, enfim, o segundo mandarinato de Delfim, com o reconhecimento do caos econômico que preparou a transição política (e eventualmente do regime) em 85".

Segundo Ianni (1981:8), houve uma mudança relevante no papel do Estado, que

"foi posto a serviço de uma política de favorecimento do capital imperialista, política essa que se assentou na superexploração da força de trabalho assalariado, na indústria e na agricultura. Esse foi um dos segredos da persistência e reafirmação do lema 'segurança e desenvolvimento'. A indústria do anticomunismo, que floresceu sob esse lema, tinha como contrapartida econômica e política principal a superexploração do proletariado".

Por sua vez, Tavares & Assis (1986:14) chamam atenção para as peculiaridades da adoção da centralização administrativa e governamental:

"O alto grau de intervenção do governo central estendeu-se também aos Estados e municípios, emasculando sua autonomia administrativa a pretexto de sanear-lhe as finanças. E atingiu limites extremos no campo das relações de trabalho, com a liquidação do movimento sindical autônomo e a imposição de uma política salarial de contornos dramáticos".

No campo social, o governo Castello Branco criou o Banco Nacional de Habitação (BNH), que se caracterizava de início, por sua formulação e objetivos, como um banco a serviço dos setores mais despossuídos, instrumento pelo qual o governo buscava obter alguma legitimidade popular. Em 1966, houve a criação do Fundo de Garantia do tempo de Serviço (FGTS), representando um mecanismo de defesa dos setores empresariais, como uma aparente proteção ao trabalhador e que veio a ser utilizado, em períodos subseqüentes, como um eficaz instrumento para a rotatividade de mão-de-obra, mantendo-se a política de arrocho salarial com a recontratação dos empregados em níveis salariais mais baixos.

Ianni (1981:43-45) sintetiza os parâmetros da economia política da ditadura em três vertentes: 1ª) O planejamento econômico estatal transformou-se em poderosa força produtiva, em que o planejamento estatal permitiu à acumulação de capital a mobilização de recursos para a atividade produtiva, concedendo privilégios às classes dominantes; 2ª) A violência estatal, como técnica econômica e produtiva, oprimindo as forças do trabalho pelo sistema federal e produzindo mais-valia por meio de um Estado despótico, opressivo e repressivo; 3ª) O capital financeiro, sob condições monopolísticas, passou a determinar amplamente a fisionomia e os movimentos do Estado, permitindo à grande burguesia nacional e estrangeira influenciar, de modo decisivo, a fisionomia e os movimentos do Estado brasileiro.

A burguesia, num processo autodefensivo, procurava nos estamentos tecnocráticos e militares a maneira de defender seus interesses corporativos e monopolísticos, encastelados nos governos militares. Conforme Fernandes (1985:342):

"A contra-revolução burguesa, por sua vez, explica como se passa do econômico e do social para o político: como as classes e os estratos de classe burgueses impuseram às demais classes sua própria transformação econômica, social e política, a qual acarretava profundas alterações nos padrões institucionais de relações de classes, de organização do Estado nacional e de vinculação dos interesses de classe burgueses com os ritmos econômicos, sociais e políticos de integração da Nação como um todo. No plano histórico, passava-se, pura e simplesmente, de uma ditadura de classe burguesa dissimulada e paternalista para uma ditadura de classe burguesa aberta e rígida".

Sucedendo ao período de estabilização inflacionária, de controle e arrocho dos salários pelo Conselho Nacional de Política Salarial, verificou-se um período de crescimento industrial, resultante da política econômica implantada por Delfim Neto, entre 1968 e 1973, que ficou conhecido como "milagre econômico" (Ianni,1981:7).

Esse "milagre" proporcionou ao Brasil taxas de crescimento médio de 10% do Produto Interno Bruto, representando a tentativa do regime militar de cumprir os objetivos nacionais do denominado "Modelo Brasileiro de Desenvolvimento", que tencionava tornar o Brasil um país desenvolvido no espaço de uma geração, duplicando a renda *per capita* e mantendo em dois dígitos as taxas anuais de desenvolvimento.

É inegável que, nesse período da ditadura militar, houve crescimento econômico, saltando do 11º para o 8º lugar como economia do mundo. No entanto, esse posicionamento foi obtido mediante progressivo endividamento externo, que atingiu o ápice comparativo durante o governo Geisel, quando a dívida externa pulou do patamar de US$ 12 bilhões, em 1973, para US$ 43 bilhões, em 1978 (Tavares & Assis, 1986:66).

O governo Geisel, encarregado de executar o II PND (Plano Nacional de Desenvolvimento), desencadeou ambicioso programa destinado a completar a implantação da indústria pesada e aumentar as exportações.

No entender de Tavares & Assis, a megalomania geiselista "oficializou a economia como ideologia de legitimação através dos objetivos hiperbólicos do II PND" (1986:51).

Na medida em que o Brasil se tornava o maior parque industrial do Terceiro Mundo, as conseqüências funestas dos Choques do Petróleo (1973 e 1979) começaram a estabelecer fissuras nas expectativas homogêneas de desenvolvimento patrocinadas pelo regime militar. O empobrecimento do povo e a concentração de renda progressiva e retroalimentada pela inflação geraram conflitos distributivos, capazes de promover o desgaste do monolitismo dos governos até então discricionários. Basta que se assinale, como o faz Alves (1989:177), que o aparente êxito econômico do milagre teve um preço alto:

> "Os custos sociais do modelo econômico, resultantes das disparidades e das políticas de concentração da renda dos anos do 'milagre econômico', atingiram proporções alarmantes em 1973. Um estudo realizado pelo IBGE (PNAD — 1973) demonstrou que 43,3% da população ganhavam entre um e dois salários mínimos".

A expansão máxima do Estado no período Geisel representava também o auge de seu poder intervencionista, autoritário e antiliberal, emblematicamente representado na figura prussiana de seu chefe que, apesar de idealizador da "distensão", não prescindia de seus poderes concentrados, outorgados pela ditadura militar.

As contradições e oscilações da política geiselista refletiam os grandes problemas no campo econômico. Como o projeto do governo nessa área era, como já se disse, megalômano, exigindo grandes financiamentos externos para empreendimentos controvertidos que resultaram em retumbantes fracassos, como a Ferrovia do Aço, o Programa Nuclear e outros, tal estratégia revelou-se suicida para a manutenção do crescimento, uma vez que obtidos por financiamentos externos ao mesmo tempo que cresciam rapidamente os juros internacionais. Apesar da imensa deterioração de nossas condições de liquidez internacional, o regime teimava em continuar captando recursos externos por intermédio das estatais, o que precipitou um substancial aumento dos serviços das dívidas externa e interna, inviabilizando, com isso, diversos projetos da administração.

Na área social, os problemas se agravaram. As taxas de analfabetismo cresceram, entre 1973 (45,1%) e 1976 (50,1%) (Martins, 1985:32).

O Instituto Nacional de Previdência Social (INPS), criado pela administração de Castello Branco, em novembro de 1966, transformou-se num enorme organismo burocrático dirigido pela tecnocracia do regime. Segundo informações de Vieira (1985:221-222),

"A década de 70 assistiu a uma série de deliberações, referentes à Previdência e à Assistência Social. Mesmo em 1970, divulga-se o Programa de Integração Social (PIS) tentando comprometer o trabalhador com os acréscimos atingidos pela economia brasileira. Em 1971, instituiu-se o Prorural, a ser efetivado pelo Funrural, concedendo aos trabalhadores do campo certa legislação previdenciária. Em 1972, a Lei nº 5.859 ampara as empregadas domésticas com os benefícios da Previdência Social. Também os trabalhadores autônomos passam a recebê-los, de acordo com a Lei nº 5.890 de 1973. Tal ímpeto legislativo tem continuidade, ao estabelecer-se o Ministério de Previdência e Assistência Social, pela Lei nº 6.062, de 1974. Merecem destaque ainda a integração do salário-maternidade nas obrigações de benefícios da Previdência Social (Lei nº 6.136, de 1974); o amparo previdencial aos maiores de 70 anos e inválidos que tenham contribuído durante pelo menos 12 meses para o INPS; a extensão do seguro de acidentes do trabalho à zona rural (Lei n° 6.195, de 1974); a criação do Conselho de Desenvolvimento Social (Lei n° 6.168 de 1974)".

O mesmo autor afirma que, com a tendência à privatização dos serviços de saúde e dos serviços de assistência médica, o setor responsável pelo atendimento médico (Inamps) pagou serviços a particulares, representando 76% de seus gastos, resultante da hegemonia da mentalidade tecnocrática que vigia durante o regime militar (Vieira, 1985:222).

Na verdade, o chamado "sistema de proteção social" não passava de uma série de decisões setoriais e fragmentárias nos campos da Educação, Saúde Pública, Habitação Popular, Previdência e Assistência Social, servindo geralmente — no entender de Vieira — para desmobilizar as massas carentes da sociedade, oferecendo serviços, mas "sem perguntar quais eram as necessidades reais" (Vieira, 1985:232).

O general Figueiredo assumiu o poder em 1979, comprometendo-se a transformar o país definitivamente numa democracia e a anistiar os brasileiros exilados no exterior. Era uma espécie de plataforma de concessões, necessária para assegurar uma base social de legitimidade e capaz de promover o consentimento da sociedade civil à posse do que seria o último general-presidente do regime instaurado com o golpe de 1964.

Foi instituído o III Plano Nacional de Desenvolvimento, visando à aceleração do processo de crescimento, ao apoio a setores estratégicos, como o agrícola e o energético, e à manutenção dos déficits em conta corrente em níveis compatíveis com a nossa capacidade de endividamento. No entanto, a dependência do petróleo caro, graças ao segundo choque, em curso em 1979, impeliu o governo Figueiredo a uma estratégia recessiva de ajuste interno, com cortes nos investimentos estatais, liberação das taxas de juros e decréscimo da produção industrial. Por outro lado, a fome nas cidades, a concentração de renda e o descontrole inflacionário serviam como pano de fundo à deterioração progressiva daquele modelo econômico.

Tendo em vista o enfrentamento da recessão de 1981, o governo Figueiredo resolveu recorrer ao Fundo Monetário Internacional (FMI) para obter, em 1982, empréstimo-ponte de US$ 6,23 bilhões, com o objetivo de reequilibrar o Balanço de Transações Correntes.

Dessa vez, no entanto, os banqueiros internacionais exigiam garantias das instituições multilaterais (FMI, Banco Mundial, Banco de Compensações Internacionais e Clube de Paris) e dos governos das nações desenvolvidas para refinanciar as posições devedoras dos países periféricos; essas agências, por sua vez, obrigariam os países periféricos a políticas de ajustamento que conduziam essas nações à recessão interna, com arrocho salarial, desemprego e queda da atividade econômica.

No entanto, não era nítida, no interior do governo Figueiredo, a dimensão da crise do Estado brasileiro. O presidente optou, em 1983, por substituir o ministro da Fazenda, que propunha um receituário recessivo de ajuste. Percebia-se, então, que as pressões de grupos privados e monopolistas claramente privilegiavam uma noção de desenvolvimento que só poderia explicitar através de mais inflação e maiores empréstimos de capitais externos. Eram os efeitos do segundo choque do petróleo ainda retardando o ajustamento da economia e produzindo uma perigosa desintegração social. O FMI acompanhava a consecução de metas prefixadas de ajustamento da economia, com o objetivo de dar um "aval técnico" à rolagem da dívida. Foi um imenso esforço de ajustamento, compreendendo os anos de 1983 e 1984, com severo ajuste de preços relativos, maxidesvalorização cambial e sete cartas de intenções que não foram cumpridas.

Do ponto de vista social, a aplicação do receituário do FMI conduziu o país em 1983 a uma grande recessão, com desemprego e arrocho salarial, que implicou decisões que atingiram basicamente a classe trabalhadora, como a de cortar o crescimento real dos salários, política não adotada desde 1974.

Segundo o Dieese, em 1981, 39,3% da população em idade produtiva estava desempregada ou subempregada. De acordo com os dados do IBGE e do Instituto Nacional de Alimentação e Nutrição (Inan), 70% da população consumia calorias em quantidade inferior ao considerado necessário ao desenvolvimento humano, e a fome e a subnutrição eram responsáveis por 40% da mortalidade infantil no Brasil (Alves,1989:292-293).

Em 1983, a Lei de Segurança Nacional foi reformulada, mantendo, no entanto, o cerne de seus elementos essenciais:

"Para o Estado, as negociações com grupos-chaves da elite oposicionista, mediante ampla flexibilidade nos mecanismos de poder, constituíram o principal elemento garantidor da continuidade social e econômica de controle de classes, através de uma aliança mais sólida com setores da oposição conservadora" (Alves,1989:310).

O excessivo endividamento externo e a estatização descontrolada, formando gigantescos polvos empresariais, utilizados quase sempre na atração das poupanças externas, comprometeram as metas de estabilização do Balanço de Pagamentos e de distribuição de renda.

Contrariando, porém, a camisa-de-força imposta pela política econômica dos governos militares, os dois choques do petróleo, a crise da dívida externa e a estratégia gradualista para debelá-la atingiram duramente o setor público, que já não podia justificar o autoritarismo do regime, o qual procurou diminuir o coeficiente de liberdade da população em nome de melhorias econômicas e do bem-estar.

A estatização forçada da dívida externa pelo Banco Central diminuiu muito a margem de manobra do governo para a sua renegociação na década de 80. Muitas estatais faziam empréstimos em moeda forte (dólar) visando a uma disponibilidade confortável em moeda nacional (cruzeiro). Foram, assim, se endividando, tornando-se deficitárias, diluindo as margens de lucro operacional e complicando a sua situação patrimonial. Nesse sentido, tais empresas ficaram na estranha situação, ao contrário das empresas internacionais e dos bancos, devedoras em dólares, mas sem saldos líquidos em cruzeiros, em virtude das sucessivas desvalorizações cambiais (Tavares & Assis,1986:92-94).

O estrangulamento externo que crescia, ao lado do persistente processo inflacionário, ameaçava implodir o regime, que adotou respostas ortodoxas para o quadro negativo: corte nos gastos, redução do nível de liquidez da economia e tabelamento dos juros internos. Sobreveio uma queda sem precedentes na atividade econômica e de queda do Produto Interno Bruto para o patamar de 3,5% negativos. No mercado formal, aumentou o desemprego, com a queda de 10% da atividade industrial, ficando os encargos financeiros como o principal item nos custos das empresas e do setor público (Tavares & Assis, 1986:77).

Também houve o aumento da desigualdade na repartição de renda, entre 1981 e 1983, invertendo a tendência dos cinco anos anteriores, segundo Singer (1986:34-35):

"A parcela da renda total dos 60% mais pobres caiu (de 19,1% a 17,7%), aumentando quase nada a dos 30% médios (de 34,25 para 34,4%), mas um pouco mais a dos 10% mais ricos (de 46,7% a 47,9%) e, entre estes, também a dos 5% mais ricos (de 33,4% a 34,0%)".

Diante desse quadro, o regime demonstrar-se-ia desgastado e fraco no *front* externo, em virtude da chamada "crise da dívida". A perda de reservas dos países devedores conduziu à insolvência países como a Argentina e o México, colocando em crise de liquidez o próprio Sistema Financeiro Internacional. Os credores passaram a exigir, em futuras negociações, o aval técnico do Fundo Monetário Internacional e de outras agências multilaterais. As palavras "deságio", "amortização", "securitização" e "moratória" passaram a figurar no cotidiano dos países devedores, tratados antes de maneira desigual e assimétrica pelos banqueiros internacionais.

A estratégia econômica de ajustamento gradualista, após os choques do petróleo, empreendida pelos governos Geisel e Figueiredo, não se mostrou suficiente para resolver a crise da dívida. Além de não deter o seu crescimento, precipitou o país na recessão durante o período Figueiredo. A dívida externa bruta chegou, em 1982, a US$ 73 bilhões, num montante cinco vezes maior do que em 1973, em virtude dos desembolsos motivados pela importação do petróleo.

A crise da dívida teria como reverso da medalha a crise do setor público, que perdeu a capacidade de investimento, obrigando a uma completa mudança de ênfase para estancar os desequilíbrios macroeconômicos.

A comunidade credora internacional fazia do FMI a única instância de negociação de que poderia lançar mão a autoridade pública brasileira para resolver os seus impasses, desde que adotados rígidos programas de austeridade monetária e fiscal, sem, contudo, reavaliar os interesses dos grandes bancos e das economias dominantes do capitalismo.

Desempenhava então o FMI o papel de intérprete da nação hegemônica — os Estados Unidos —, que, comandada por Reagan, submetia a economia mundial e o seu próprio capital industrial ao jogo dos interesses supremos do capital financeiro. Tencionando expandir os níveis de financiamento do complexo militar americano, decidiu sustentar sua política mediante uma elevação dramática dos juros, drenando para dentro dos Estados Unidos 80% da liquidez mundial, deixando de ser um país exportador de capitais e aumentando, como devedor do resto do mundo, o seu déficit fiscal, cujo financiamento obviamente seria realizado pela poupança real dos demais países.

1.2. As Políticas Sociais no Período Militar

Finalizando esta análise, em termos gerais, dos governos militares, que têm como objetivo identificar a instalação da crise econômico-social brasileira, procederei a uma breve explanação acerca da intervenção específica do Estado no social, ressaltando as condições das políticas sociais nesse período.

Num país como o Brasil, de tardio desenvolvimento capitalista e com um modelo econômico de natureza concentradora de rendas e socialmente excludente, é natural que o conceito de Estado de Bem-Estar perdesse em densidade e ganhasse em especificidade. Há autores, como já mencionei inclusive, que consideram que o Estado brasileiro jamais foi um Estado de Bem-Estar, na acepção conhecida nos países do Primeiro Mundo. Ao contrário, enquanto o *Welfare State* dos países desenvolvidos surgiu mediante políticas sociais de bem-estar implantadas simultaneamente com uma situação de pleno emprego, acompanhada de elevações significativas do salário real, no Brasil a maioria dos salários é baixa e para grande parte da população ativa não há emprego regular. Disto resulta que os benefícios sociais não conseguem atingir as suas finalidades, existe sobrecarga para a política social voltada para a erradicação da "miséria absoluta", além da constatação de que mesmo os trabalhadores formais, apesar de mecanismos regulatórios de proteção, não prescindem da assistência social do Estado. Essas constatações demonstram que não se pode analisar o *Welfare State* brasileiro do ponto de vista das conquistas junto ao capitalismo europeu e americano.

Nesse cenário, é preciso constatar que jamais existiu uma política social concentrada no Brasil. O que foi estruturado representa a fragmentação de uma política una em várias faces discrepantes e, às vezes, contraditórias. Sempre tivemos, separadas, políticas educacionais, de Previdência Social, Habitacional, de Saúde e Assistencial, em geral desarticuladas ou tratadas de um modo burocrático, corporativo ou vagamente assistencialista (do ponto de vista populista).

As políticas sociais do fim do regime militar não deixaram de caracterizar o sentido fragmentário e inorgânico que tiveram durante toda a história do Brasil. Naturalmente, a questão social deixou de ser "um caso de polícia", como nos tempos da República Velha, mas pouco evoluiu no sentido de instrumentalizar a população pobre de benefícios e assistência sociais genuínos.

A política educacional, no período compreendido entre 1980 e 1985, revelou uma tendência muito protetora à expansão da escola privada, não havendo grande preocupação de prevenir a "evasão escolar", calculada em 8 milhões de crianças fora da escola, chegando a 50% nas duas primeiras séries do ensino básico na rede pública. Além disso, uma pretensa preferência pelo ensino profissionalizante acabou por diminuir a qualidade do ensino público de 2º grau. A desatenção com as regiões nordestinas podia ser traduzida pelo número excessivo de professores leigos, bem acima do recomendável (Aureliano & Draibe,1989:124).

Observou-se uma acentuada queda da qualidade do ensino, motivada por baixos investimentos públicos no sistema educacional, por baixos salários do magistério, curta permanência dos estudantes nas escolas e ineficácia e inoperância dos programas curriculares.

Além do acentuado crescimento da rede privada, pressões corporativistas e clientelistas favoreceram os professores universitários e os proprietários de escolas particulares.

Tentando visivelmente reformar o organismo previdenciário, fragmentado antes de 1964 e unificado com a criação do INPS, em 1966, novo impulso centralizador, unificador e racionalizador se fez sentir, a partir de 1977, com a criação do Sistema Nacional de Previdência e Assistência Social (Sinpas), gerido pelo novo Ministério da Previdência e Assistência Social (MPAS). Constituído por seis instituições (INPS — benefícios sociais; Inamps — assistência médica; Iapas — arrecadação/pagadoria; LBA — assistência social; Funabem — atenção a menores, abandonados e infratores, e DataPrev — informatização), o Ministério foi criado com o objetivo de universalizar e unificar toda estrutura dessas entidades numa só matriz gerencial, o que permitiu, em meados dos anos 80, que fosse coberta pela atuação do Ministério uma população previdenciária de 100 milhões de pessoas, correspondendo na época a 75% da população como um todo. A massa de contribuintes superava a casa de 25 milhões, equivalendo a 90% da população economicamente ativa, embora seja um sistema ainda muito excludente, não absorvendo a massa dos trabalhadores informais, os desempregados e autônomos, que não conseguem se incorporar ao sistema em virtude das elevadas contribuições requeridas (Aureliano & Draibe, 1989:128).

Em face da gigantesca expansão da medicina previdenciária em relação à própria saúde pública, surgiram distorções graves nas políticas de atenção à saúde, começando por uma ênfase exagerada em investimentos na rede hospitalar, em detrimento da rede primária ambulatorial e de postos de saúde. Houve, ainda, um aumento na compra de serviços da rede privada e o estímulo à expansão dos sistemas de medicina de grupo, satisfazendo a interesses empresariais com baixo grau de controle público. Mesmo assim, desenvolveu-se o sistema de cobertura de serviços, incorporando um número cada vez maior de pessoas, maior número de consultas médicas, internações, consultas odontológicas e exames complementares, ainda que com uma clara opção do atendimento aos trabalhadores urbanos em detrimento da cobertura aos trabalhadores rurais.

Tendo em vista combater os males do gigantismo e do descontrole do sistema, várias medidas foram encaminhadas, entre 1975 e 1984, visando à integração dos três níveis de ações públicas (federal, estadual e municipal), por um lado, e de descentralização e desconcentração (política e administrativa), por outro. Foram instituídos o Programa Nacional de Saúde e o Programa de Interiorização das Ações de Saúde e Saneamento, em 1975; o Programa Nacional de Serviços Básicos de Saúde, em 1980; o Plano de Reorientação da Assistência à Saúde no âmbito da Previdência Social, em 1982, e, finalmente, as Ações Integradas de Saúde, em 1984. Com a redemocratização do país, em 1985, definiu-se um novo programa de integração descentralização, em 1987: o Sistema Unificado e Descentralizado de Saúde (Suds).

De acordo com Aureliano & Draibe (1989:133),

> "é apenas com as Ações Integradas de Saúde que, de fato, inicia-se uma estratégia de reorganização dos sistemas de saúde. Em geral, tan-

to essa estratégia quanto, posteriormente, a encetada pelo SUDS, tiveram como horizonte mais geral superar as características mais perversas, contraditórias e irracionais da política de saúde no Brasil, através de metas de integração das ações públicas nos três níveis da Federação, do reordenamento da relação com o setor privado, da elevação da capacidade gerencial e otimização dos recursos financeiros do sistema e da descentralização de decisões e operação, visando, todas elas, a elevar o grau de eficácia e resolutividade da política e dos organismos responsáveis pela execução da atenção à saúde no país".

Já a política habitacional, no fim dos governos militares, estampou a exaustão de um modelo criado em 1964 — o Sistema Financeiro de Habitação — que tinha como seu órgão executor o Banco Nacional de Habitação (BNH) e como fonte financiadora o Fundo de Garantia do Tempo de Serviço (FGTS). Com a recessão do início dos anos 80, com inflação e juros altos se sobrepondo à política de desindexação dos salários, o sonho da casa própria, já desvanecido para as classes baixas na década de 60, tornou-se pesadelo para as classes médias.

As formas de financiamento do sistema acentuaram as suas limitações quanto ao alcance social, demonstrando defeitos de gestão política, como centralização, rígido controle público das verbas pelo governo federal, má alocação privada desses recursos, de acordo com interesses de empresários da construção civil e burocratas, em detrimento dos interesses coletivos. Conforme Aureliano & Draibe (1989:135):

> "O grande, moderno, caro e sofisticado Sistema Financeiro de Habitação produziu, ao longo do período 1965/84, um total aproximado de 4,5 milhões de moradias, das quais, entretanto, apenas 723 mil se destinaram a camadas de baixa renda da população (até três salários mínimos, incluindo lotes urbanizados). No mesmo período, apenas 7,7% do saldo total de financiamento realizado no âmbito do SFH foram destinados a mutuários com renda inferior a 3,5 salários mínimos mensais".

Com o colapso do sistema durante os anos 80 — e a extinção do BNH durante o governo Sarney —, a reordenação da política habitacional deu-se apenas em 1988 e, dado o seu curto alcance pela exigüidade de recursos, começaram lentamente a surgir tímidas iniciativas estaduais de resolver o grave déficit habitacional em várias regiões do país, por meio de mutirões, ajudas mútuas, lotes urbanizados etc., cujos resultados, porém, são bastante parcos.

Também foi pequeno o alcance de nossas políticas assistenciais, capitaneadas, desde a Era Vargas, pela Legião Brasileira de Assistência e executadas como meros apêndices de outras políticas governamentais, sempre consideradas mais importantes.

Em 1969, a LBA foi transformada em fundação e vinculada ao MPAS, integrando a partir de 1977 o Simpas e desenvolvendo programas de assistência a menores, de nutrição materno-infantil, ações de legalização jurídica dos cidadãos, assistência a idosos e excepcionais e programas de educação para o trabalho.

Apesar de integrar o sistema previdenciário, a atuação da LBA não se limitou apenas aos segurados, mas orientou a sua atividade para pessoas desempregadas, subempregadas e de poder aquisitivo insuficiente, operando mediante núcleos e agências distribuídos por quase todos os municípios brasileiros e convênios com entidades privadas. Até 1985, estimou-se que a clientela da LBA atingia 4 milhões de beneficiários/ano, tendo a agência afirmado que em 1987 teria atingido a espantosa marca de 50 milhões de brasileiros atendidos, o que é positivamente exagerado (Aureliano & Draibe, 1989:136-137).

Contudo, a LBA e a Funabem, agências que juntas deveriam elaborar uma política nacional de assistência social e proteção ao menor, jamais lograram esse intento, remetendo-nos ao velho hábito de fragmentar as políticas sociais em torno de interesses clientelísticos e de não torná-las orgânicas e operacionais para a população.

1.3. O Governo Sarney

A questão da transitoriedade do poder dos militares para os civis foi uma questão permeada por contradições. Em janeiro de 1984, os partidos de oposição e entidades da sociedade civil assumiram a defesa das eleições diretas para presidente da República em 1985. A partir daí, iniciou-se o maior movimento popular do Brasil contemporâneo, que se constituiu na "Campanha das Diretas".

Derrotada a emenda constitucional das eleições diretas no Congresso Nacional, decidiu-se por uma negociação pelo "alto", configurando um pacto liberal-conservador, tendo à frente Tancredo Neves, escolhido mediante eleição indireta, realizada pelo Colégio Eleitoral, no início do ano de 1985, para um mandato de cinco anos (1985-1990). Período chamado de "Nova República", teve como projeto a implementação de um Estado de Direito de acordo com os princípios da chamada "Aliança Democrática", um conjunto de regras e franquias democráticas pactuadas pelos grupos dominantes.

A eleição indireta de Tancredo Neves não determinou, todavia, o ritmo da transição, na medida em que, com sua morte em abril de 1985, o vice-presidente Sarney, egresso do partido governista, assumiu o poder, sob tutela dos militares, sofrendo as conseqüências do caráter pouco representativo e emergencial de sua eleição.

A "Nova República" instala-se com um discurso "mudancista", apesar de ainda preservar alguns entulhos do período militar como os aparatos repressivos contra trabalhadores, a lei de greve, a mesma estrutura sindical e a lei de segurança nacional.

O I Plano Nacional de Desenvolvimento, de setembro de 1985, apontava como metas estratégicas "o crescimento econômico, reformas e o resgate da dívida social".

No entanto, a crise econômica, política, social e institucional que enfrentou o país no período da "Nova República" foi fruto de redefinições da ordem capitalista internacional e dos acordos do período ditatorial, e que teve prosseguimento nos governos seguintes em defesa do capital e em detrimento dos interesses da grande maioria da nação.

No governo Sarney, a recessão e a inflação aprofundaram-se e mantiveram-se as exigências do FMI. O resultado desse quadro implicou cortes nos investimentos públicos, nas verbas com destinação social para programas de saneamento, saúde, educação e habitação, arrocho salarial, em especial para os servidores públicos, manutenção de taxas de juros elevadas para atender às especulações do capital.

Como evidencia Mercadante (1987:11),

"O imperialismo, no quadro de agravamento da crise cíclica e estrutural do capitalismo a nível internacional, impõe modificações profundas no processo de acumulação e reprodução do capital, nas relações entre países, na divisão internacional do trabalho, o que acentua as contradições sociais e as crises na sociedade brasileira".

É necessário frisar, contudo, o caráter complexo e diferenciado do governo Sarney. De início, a implantação do Plano Cruzado I, a 28 de fevereiro de 1986, provocou um grande impacto e o governo alcançou índices de popularidade; efetivamente, esse plano respondia aos interesses da classe trabalhadora, como o congelamento de preços, seguro-desemprego e a escala móvel de salários. O resultado dessa primeira fase representou, politicamente, a vitória do PMDB nas eleições de 1986 para os governos de quase todos os estados do Brasil e a conquista da maioria na Câmara e no Senado, nas eleições proporcionais.

No entanto, após tais eleições, tem início a segunda fase do governo Sarney, com o fracasso do Plano Cruzado em 1986 e a decretação do Plano Bresser, em 12 de junho de 1987, em que se evidenciam os mecanismos de sustentação daquelas diretrizes econômicas internacionais, mencionadas anteriormente.

Assim, as contradições sociais logo se fizeram valer, desmontando na prática o discurso mudancista e a defesa aparente dos interesses da maioria dos trabalhadores com o fracasso dos planos econômicos.

No plano político, as forças mais combativas encaminham uma luta nacional pela convocação de uma Assembléia Nacional Constituinte livre, democrática e soberana, contrapondo-se ao apregoado pela "Aliança Democrática", que defendia o Congresso com poderes constituintes, o que de fato veio a prevalecer.

A sociedade civil, organizada através das emendas populares e de pressões no Congresso, obteve avanços significativos em termos de cidadania, embora não conseguisse impedir o perfil conservador da nova Constituição em relação, por exemplo, à questão da terra e aos mecanismos de repressão e controle do Estado. Na verdade, a Constituição de 88 mostra-se híbrida, revelando o resultado da correlação de forças políticas naquele momento.

O governo Sarney não tinha força política para produzir reformas de longo alcance, em virtude de ser um governo ainda tutelado pelos militares e pela máquina do PMDB; quase nada podia realizar diante do quadro de fragmentação partidária e da presença dos lobbies empresariais presentes no Congresso.

O próprio Plano Cruzado não passou de uma forma radical de intervencionismo econômico sem ser acompanhada de reforma estrutural, o que provocou o engessamento da economia e o recrudescimento da inflação, periodicamente sufocada por novos planos, mas sempre renitente em sua sobrevivência.

O Estado já não tinha instrumentos de barganha com os credores externos, nem podia impedir a implosão da moeda nacional diante do déficit enorme produzido por suas 252 empresas públicas federais, convenientemente cobertas pelo Tesouro Nacional, o qual vivia uma sangria contínua e desmedida de recursos. Cresceram a violência difusa nas cidades, pela descrença na política e no poder Judiciário, o desemprego, pela estagnação do velho indutor do Estado em direção ao desenvolvimento e o processo inflacionário, que perdeu o controle, chegando a 89% ao mês nos últimos trinta dias do governo Sarney.

Em interessante artigo, o sociólogo Sader identifica no fim do governo Sarney o início da fase neoliberal:

> "No último ano de seu governo, José Sarney se encarregou de introduzir o neoliberalismo como política de governo, mediante o 'feijão-com-arroz' com que o até então obscuro funcionário de médio escalão do Ministério da Fazenda, Maílson da Nóbrega, batizou o *laissez-faire* cabloco" (Sader,1996:9).

Infelizmente, o fim do regime militar e a transição para a Nova República não produziram a ruptura do pacto oligárquico que, mediante o loteamento de interesses e cargos, sempre governou o país. Nesse sentido, o Congresso com poderes constituintes conheceu a maior mobilização empresarial de que se teve notícia no Brasil, com 45,25% de seus representantes ligados ao capital e 12,5% vinculados a interesses do trabalho (Santos, 1984:13).

A Constituição de 1988 observa como princípios básicos da ordem econômica e do funcionamento do Estado a soberania nacional, a propriedade privada, a função "social" da propriedade, a livre concorrência, a defesa do consumidor, a defesa do meio ambiente, a redução das desigualdades regionais e sociais, a busca do pleno emprego e o tratamento favorecido para as empresas brasileiras de capital nacional de pequeno porte, sendo também assegurado a todos o livre exercício de qualquer atividade econômica, independentemente da organização de órgãos públicos, salvo nos casos previstos em lei.

No entanto, as mudanças do capitalismo mundial, transnacionalizado e globalizado, começaram a produzir um envelhecimento precoce da Constituição de 1988, cujo arcabouço de direitos sociais conquistados, considerados pelos conservadores como avançado demais, não pôde jamais ser cumprido em razão da utilização de recursos em um Estado privatizado por interesses empresariais e clientelistas.

O final do governo Sarney caracterizou-se por um processo de desgaste político junto a todos os segmentos sociais, com altos índices de impopularidade. O atendimento das exigências do FMI implicava o aprofundamento do arrocho salarial e o processo inflacionário, além do corte nas verbas destinadas aos programas sociais e investimentos nas estatais.

Ora, tais cortes agravaram os efeitos sociais e acirraram as respostas de enfrentamento da classe trabalhadora, organizada, sobretudo nos setores sindicais mais combativos, em especial os trabalhadores das grandes indústrias e mesmo os servidores públicos e trabalhadores das estatais. As eleições presidenciais vão refletir, também em 1989, a busca pela população brasileira de um projeto alternativo para o país, então claramente representado pelo PT. O resultado do processo eleitoral, todos nós sabemos...

1.4. O Novo Ordenamento Internacional

Enquanto o Brasil se debatia na tentativa de superar o entulho autoritário do regime militar, restaurar o Estado de Direito, fazer uma nova Constituição e garantir a eleição direta para presidência da República, historiadores como Hobsbawm qualificavam o ano de 1989 como um marco histórico comparável à Revolução Francesa, de 1789, e à Revolução Russa, de 1917: "É muito mais fácil ver 1989 como uma conclusão do que como um começo. Significou o fim de uma era em que a história mundial girava em torno da Revolução de Outubro" (Hobsbawm, 1993:93).

Nesse sentido, Hobsbawm, não obstante reconheça que ainda é muito cedo para discutir perspectivas futuras, considera ser muito interessante a observação de um historiador húngaro de que o século XX foi "curto" (de 1914 a 1991).

De qualquer forma, uma nova ordem mundial começou a 9 de novembro de 1989, a qual terminou com o período de Guerra Fria, (iniciado em 1946, com o final da Segunda Guerra Mundial), mediante o gesto simbólico da queda do Muro de Berlim.

Quarenta anos de socialismo no Leste europeu e 72 anos da Revolução Soviética não conseguiram equiparar estas nações à prosperidade alcançada pelas nações ocidentais, sob a influência militar americana e sob o regime econômico de capitalismo monopolista. A opção da burocracia soviética, permitindo um patamar excessivo de gastos militares, empobreceu a URSS e permitiu que potências comerciais de porte médio surgissem na Europa e na Ásia, formando um grupo de nações livres dos caríssimos encargos da indústria bélica.

Com a mesma velocidade com que o Muro de Berlim desmoronou, a Europa precisou refazer o seu mapa: a Alemanha reunificada, os povos do Leste europeu finalmente livres da tutela soviética, mediante a independência de seus países constitutivos — foram os passos seguintes, palmilhados pela diplomacia européia, reunida na Conferência de Ottawa, em fevereiro de 1990.

Em novembro de 1990, a Conferência sobre Segurança e Cooperação na Europa (CSCE), com 34 nações presentes, passou o atestado de óbito à Guerra Fria, inaugurando uma nova era de relacionamento, em que os inimigos de ontem não eram mais adversários, os arsenais convencionais e nucleares seriam praticamente reduzidos e um sistema permanente de consultas substituiria um cenário que antes só refletia desconfiança.

Os acordos germano-soviéticos, celebrados após 1989, solidificaram a perspectiva desse sistema comercial ampliado, um dos objetivos do cenário multipolar, desenhado a partir do término da Guerra Fria.

Os objetivos dessa ordem mundial incluiriam a incorporação de países da América Latina, da Europa oriental e das nações sobreviventes da fragmentação da URSS aos preceitos neoliberais e a manutenção da independência e complementaridade entre as economias do eixo norte-sul. Alguns países também abririam, seletivamente, os seus mercados para certos produtos da periferia, permitindo a transferência de indústrias geradoras de poluição, como as petroquímicas e siderúrgicas. Em troca, exigiriam a abertura dos mercados periféricos para os produtos importados de alta tecnologia, como também a transferência dos refugos, anteriormente oferecidos a outras nações desenvolvidas.

Nesse contexto, deve-se admitir que o velho plano trilateral de salvação do capitalismo, projetado na década de 70 pelos Estados Unidos, a Europa e o Japão, não somente deu certo vinte anos depois, como forjou um tipo de internacionalismo neoliberal muito mais vertiginoso do que sonhariam os bolcheviques de 1917.

A maioria dos historiadores marxistas pondera, contudo, que em 1989 o que se desintegrou foi o poder das burocracias comunistas, que esmagaram as liberdades, a iniciativa e a criatividade dos povos dominados e que detinham o privilégio de tudo decidir. Na verdade, conforme esse autores, não houve desintegração do socialismo, em virtude de ele jamais ter existido nesses países. Conforme Louis Gill, a adoção do capitalismo no Leste europeu fez retroceder a produção industrial e o Produto Nacional Bruto naquelas nações: "Entre o início de 1990 e o final de 1992, a produção industrial caiu de 20% na Polônia, de 35% na Hungria e de 50% na Bulgária, na Romênia e nas repúblicas tcheco e eslovaca" (1993:153).

O renascimento dos nacionalismos locais, inspirados em ideologias totalitárias de direita, tingiu de sangue as regiões orientais pouco beneficiadas com capitais externos. Apesar do crescente interesse do Japão e Estados Unidos pelo Leste europeu, as inversões de recursos circunscrevem-se a perdões de dívidas, incentivo à integração dos países em instituições multilaterais de crédito e ao endosso a reformas estruturais das economias, sob inspiração neoliberal, incluindo privatizações e a revalorização da propriedade privada.

Não houve recuperação econômica ante a recessão das economias do Leste europeu, em vista de que a transição entre o planejamento centralizado para o sistema de livre mercado é difícil e trabalhosa. Com a dureza da aplicação de programas de ajustamento adotados pela Polônia, Hungria e Checoslováquia que foram rigorosamente executados, os resultados das políticas neoliberais foram caóticos, produzindo maior pobreza, desemprego, inflação e greves, além do retorno dos comunistas ao poder, pelo voto, em diversas nações da religião.

A nova ordem econômica e política mundial consagra o comando do Grupo 7 dos países mais ricos, com o corolário do desengajamento da soberania nacional de outros povos, em nome de uma incorporação a blocos econômicos assimétricos e heterogêneos, sob a direção dos sete países. Com a globalização da economia, essas nações líderes tentam impedir que os países menos desenvolvidos se apossem de aperfeiçoamentos no reino da robótica, informática, cibernética e biotecnológicos para não perderem o protagonismo mundial.

O fim do século XX também assiste às fusões de gigantescos conglomerados, cujo orçamento ultrapassa o Produto Interno Bruto de diversas nações pobres. Essas diferenças reforçarão as distâncias entre países *high-tech* ou de primeira linha e as nações da periferia, oprimidas pelo amargo receituário neoliberal.

A nova ordem mundial, sob hegemonia americana, é, portanto, neste final de século, um movimento concreto das nações ricas, com a plena concordância das agências multilaterais, no sentido de introduzir as idéias e os procedimentos neoliberais nas nações periféricas, sem instabilidades ou protestos indesejáveis. Paradoxalmente, contudo, qualquer conflito regional localizado desestabiliza o sistema porque expõe a sua atual incapacidade de erradicar os bolsões de miséria que proliferam inclusive nas nações desenvolvidas.

1.5. O Período Collor—Itamar Franco

As aspirações de setores nacionais ávidos pela assunção de um novo projeto de desenvolvimento econômico em face dos fracassos do modelo desenvolvimentista, de um lado, e o forte apelo moralizador do Estado brasileiro, empreendido pelo representante dos acenos neoliberais, de outro, conferiram, na eleição de 1989, a confiabilidade da maioria dos brasileiros votantes na proposta Collor.[2]

---

2. Partilho das posições que entendem o período Collor (e o posterior de Itamar Franco) como uma etapa de transição no âmbito econômico-social e na formatação do Estado, entre a época do esgotamento do modelo desenvolvimentista, passando pelo governo Sarney, até a chegada aos anos 90, com essa primeira tentativa de implantação de uma proposta de governo neoliberal no Brasil.

Completada com sua eleição a longa transição brasileira para a democracia, o presidente Collor prometia uma radical reforma do Estado, liberalização das importações e um agressivo programa de privatizações, na linha do adotado pelo governo Thatcher. Teoricamente, era uma forma de romper a paralisia decisória do Estado pela diminuição dramática da poupança estatal e pela liquidação de ativos supérfluos nas mãos do Estado.

O novo presidente queria "abrir o Brasil ao mundo", já que a antiga clivagem desenvolvimentista do Estado havia fechado a sua economia para o exterior pelo já exaustivamente descrito modelo de substituição de importações. Collor propôs a abertura econômica e cercou-se de diplomatas para promover a gerência da máquina estatal.

A resistência inicial ao programa de privatizações foi comandada por grupos de esquerda nacionalista, aliados aos empregados de estatais, receosos de perder empregos e os famosos "privilégios".

De início, Collor lançou ambicioso programa de estabilização, tencionando o combate à hiperinflação do fim do governo Sarney. A redução radical dos meios de pagamento, mediante o confisco da moeda em poder do público, espantou pela ousadia, enquanto o governo promovia uma reestruturação da máquina estatal por meio da redução de ministérios, órgãos e entidades. Todavia, o amadorismo na implantação da reforma administrativa e o desmonte irresponsável da máquina pública deixaram paralisadas várias áreas da administração e não permitiram ao Estado maior eficiência nas respostas às exigências de cidadania.

As reformas fiscal e administrativa não alcançaram, como sempre, os macroobjetivos de uma política de redistribuição de renda para os então "descamisados". Essa distribuição impõe-se pela concentração economicamente insuportável da renda sob posse de agentes privados: 1% do segmento mais rico da população detinha 14,6% da renda nacional, enquanto os 50% mais pobres apenas recebiam 11,2% dessa renda (Ferreira,1993:136).

A histórica e permanente confusão entre o público e o privado chegou ao paroxismo durante o governo Collor. Como os recursos dos agentes privados foram congelados por dezoito meses, montou-se paralela ao Estado uma gigantesca máquina de corrupção para vender facilidades na liberação de recursos, obras e contratos.

Por outro lado, as elites prejudicadas pela centralização das decisões e pelo autoritarismo do governo, ao lado dos *lobbies* entrincheirados no Poder Legislativo, uniram-se a empreiteiras, cartéis e federações patronais no desmonte do governo e no movimento de *impeachment* do presidente. O empresariado irritou-se demais com Collor porque foi obrigado a repatriar dólares para pagar e financiar capitais de giro, formando-se um estoque de reservas cambiais, segundo fontes oficiais, jamais alcançadas desde os tempos de Castello Branco.

O ato de confisco das poupanças das contas correntes dos brasileiros foi violento demais, mas muitos acreditavam que o sacrifício era realizado em nome de um país novo e mais justo. No dia 19 de março de 1990, a população acordou US$ 86 bilhões mais pobre. No entanto, após um ano de governo, com os brasileiros mais pobres e a inflação sem controle, pairou no ar a pergunta: o confisco foi feito para quê?

Várias denúncias de corrupção começaram a complicar o governo Collor, mas, a princípio, apenas afetavam o segundo escalão. A sustentação política do presidente começou a ceder, contudo, a partir de maio de 1992, quando seu irmão Pedro Collor, em entrevista a uma revista de circulação nacional, acusou o ex-tesoureiro da campanha presidencial, Paulo César Farias, de manter empresas e contas fantasmas no exterior que movimentavam milhares de dólares.

Essas denúncias, provocando grande grau de comoção nacional, deram origem a uma Comissão de Inquérito e atingiram o presidente, que se defendia, argumentando ser a CPI uma obstrução política destinada a suprimir a modernidade, já que havia setores muito prejudicados pelo seu governo. No entanto, o governo já não tinha a confiança da grande maioria dos brasileiros, e evidências de corrupção colhidas pela CPI desencadearam o processo de solicitação do *impeachment*.

O presidente, que desprezava os setores políticos, passou a lutar fisiologicamente para conquistá-los, distribuindo cargos e benesses, em troca de votos favoráveis contra o *impeachment*. Porém as manifestações populares ganharam corpo, e a Câmara, sob pressão, concedeu em dezembro de 1997 a admissibilidade do julgamento do *impeachment* pelo Senado.

A década de 90, até aquela altura, revelava uma entidade estatal paquidérmica, extremamente grande e difícil de operar, enquanto cercada de interesses privados; enquanto pública, ou seja, voltada para a satisfação dos interesses da sociedade, a máquina do Estado era pequena e disforme, desmoralizada pela falta de recursos e aplicando no setor social apenas 9% do Produto Nacional Bruto (Santos,1984:14).

Em nível externo, para efetivar as políticas de ajuste dos países periféricos aos ditames das resoluções do capital internacional para a crise econômica, os seus órgãos financeiros, Banco Mundial e FMI, apontaram para a necessidade de

> "acompanhar as políticas de estabilização, com reformas estruturais enfocadas na desregulamentação dos mercados, na privatização do setor público e na redução do Estado. Conjunto de política e reformas que, mais tarde, em 1990, recebeu o nome de Consenso de Washington (Williamson, 1990)" (Tavares & Fiori, 1993:133).

Pois bem, Collor foi uma tentativa de mudança de agenda para atender aos pressupostos do Consenso, haja vista as iniciativas vigorosas em seu governo de negociar de vez o problema da dívida externa brasileira.

No entanto, a intenção "moderno-conservadora" de Collor exauriu-se com os desmandos de seu governo, envolvido em diversos escândalos de corrupção que acabaram atingindo o presidente e tirando-o do poder. Contudo, a "agenda de Washington" foi implantada e deveria prosseguir. Como comenta Fiori:

> "A liberação financeira avançou com o ministro Marcílio M. Moreira, e a renegociação da dívida externa, depois do Clube de Paris, avança com os bancos privados, mediada pelo FMI, em que pese a interrupção provocada pela substituição do governo Collor" (Tavares & Fiori, 1993:155).

No entanto, os mesmos interesses que derrubaram o presidente queriam ver-se satisfeitos na gestão do vice-presidente Itamar Franco.

O Estado, privatizando-se, desdobrava-se para satisfazer a microfisiologia do poder, com as elites procurando impedir qualquer reforma estrutural importante. As velhas estruturas oligárquicas começaram a temer reformas profundas que lhe retirassem, respectivamente, o poder e a capacidade de defender seus interesses corporativos.

Tais interesses prejudicaram seriamente o governo Itamar em seu início, que herdava a luta entre capitalistas endógenos e exógenos contra a esquerda, em torno dos temas das reformas do Estado e das privatizações. A intenção de redimensionar o tamanho do Estado acelerando as privatizações turvava-se pela interferência indevida de forças monopolistas de origem privada e fundos de pensão das estatais, que reivindicavam a compra dos ativos através de "moedas podres" (títulos públicos de longo prazo) e autorizações da dívida interna, trocando deságios por patrimônio estatal.

No mandato-tampão de Itamar Franco houve certa tentativa de atacar os pontos nevrálgicos da crise do Estado brasileiro numa velocidade maior. No entanto, a sucessiva troca de ministérios da Fazenda não conseguiu apagar a memória inflacionária nem construiu uma plataforma de credibilidade inquestionável para novos investimentos privados. Ela só foi alcançada, no entanto, quando, copiando os presidentes anteriores (Sarney e Collor), Itamar decidiu-se por fazer um novo Plano de Estabilização, sob o comando do seu ministro da Fazenda, Fernando Henrique Cardoso.

Vitorioso o plano e executado a partir de junho de 1994, foi alçado à Presidência o próprio ministro do governo Itamar, derrotando o então candidato das oposições Luiz Inácio Lula da Silva.

Fernando Henrique Cardoso conseguiu congregar em torno de si uma aliança eleitoral de seu partido, o PSDB, com o conservador PFL, compondo a chapa com o então senador Marco Maciel. Foi capaz de reunir em torno de sua candidatura todos os setores importantes da burguesia nacional, a saber, o sistema Globo/Ibope, as entidades patronais CNI, Fiesp e Febraban, as empreiteiras e grandes oligopólios nacionais e internacionais.

Fernando Henrique Cardoso chegou ao poder com grande apoio popular e credibilidade, graças à manutenção da estabilidade da moeda. No entanto, os brasileiros ainda não podiam ver com nitidez o preço social a ser pago pela implantação da estabilidade neoliberal que se seguiu...

CAPÍTULO II

O GOVERNO DE FERNANDO HENRIQUE CARDOSO E AS RESPOSTAS À "QUESTÃO SOCIAL"

2.1. O Projeto Neoliberal do Governo Fernando Henrique Cardoso

Fernando Henrique Cardoso (FHC) tomou posse prometendo amplas reformas constitucionais que permitissem ao Estado retomar as suas funções essenciais, como transformar a sua capacidade gerencial, aumentar a eficiência da burocracia federal e abrir a economia privatizando os ativos da União.

Procurou transmitir ao país a convicção de que suas promessas nas áreas da agricultura, educação, emprego, saúde e segurança deveriam ser traduzidas, na linguagem tecnocrática, por controle de gastos públicos, aceleração das privatizações, reforma tributária, novas políticas monetária e cambial e incentivo à parceria governo/setor privado que correspondiam, de fato, às ações de governo.

O projeto FHC busca evidenciar que os teóricos do *Welfare State*, dada a crise do capitalismo na década de 80, teriam de repensar suas idéias, sobretudo em relação ao Brasil, cuja máquina estatal, segundo esse projeto, encontrava-se praticamente falida.

Enquanto no Primeiro Mundo ficara mais fácil compreender a maior eficácia de gestão do empresariado privado, nos países periféricos não ficou clara essa supremacia. Suas estruturas legais contrárias à atividade privada e a investimentos estrangeiros, com a presença de legislações trabalhistas rígidas, protecionismo no setor industrial, créditos subsidiados e longa tradição de interferência do setor público na economia, praticamente impediam o debate público sobre o destino das estatais.

Sendo um processo não tão traumático nos países desenvolvidos, que seguiram os preceitos neoliberais ao longo dos anos 80, as privatizações não se transformaram em programa consistente nos países em desenvolvimento, principalmente pela crença, difundida pelas esquerdas, de perda progressiva das soberanias nacionais.

Nesse contexto, o programa do PSDB — "mãos à obra" — pregava a recuperação progressiva dos investimentos do Estado brasileiro em infra-estrutura, nas áreas de geração de energia, saneamento básico, comunicação e transportes. Defendia a privatização das empresas estatais sob o argumento de que ao Estado caberiam funções de regulação e fiscalização econômica, e não de produção, e que os setores sociais seriam priorizados.

A questão não é apenas se as empresas estatais devem ou não ser privatizadas, mas também como e a serviço de que setores. É evidente que os passivos de US$ 200 bilhões, o endividamento crescente e a crise fiscal crônica demonstram a desfuncionalização do setor público, sendo necessário promover a sua reestruturação, por motivos estratégicos. Existia uma demanda de investimentos estatais da ordem de US$ 71,7 bilhões, nos 4-5 anos seguintes, enquanto o governo dispunha no orçamento, em 1995, de apenas US$ 7,3 bilhões, o que resultou para aquele ano uma defasagem de US$ 24,9 bilhões em investimentos públicos. Ao mesmo tempo, o nível de investimento público apresentou declínio de US$ 12 bilhões (1992) para US$ 6,9 bilhões (1994) pela baixa capacidade de geração de poupança do setor estatal.[1]

As primeiras iniciativas do governo Fernando Henrique Cardoso demonstraram como seria tratado o social. A velha LBA foi extinta (não que fosse tão defensável), mas o problema foi em relação a sua substituição por um programa, "Comunidade Solidária", de fei-

---

1. Cf. Exposição de Motivos da Lei nº 8.987, de 13 de fevereiro de 1995, que regula as Concessões de Serviços Públicos no Brasil.

ção assistencialista e clientelista, representando um claro retrocesso nessa área.

Eleito pelo Plano Real, sabendo que sua popularidade depende de sua manutenção, o governo FHC vai pagando um alto preço pela estabilidade, submetendo o povo brasileiro a enormes sacrifícios, como recessão, desemprego em massa, arrocho no crédito e nos salários, juros altíssimos e câmbio artificialmente apreciado, comprometendo o parque industrial interno e os níveis necessários de desenvolvimento nacional.

As iniciativas da equipe econômica estão concertadas com os ditames do Consenso de Washington, que contemplam, segundo Fiori, os seguintes pilares: o Estado deve patrocinar uma política de estabilização monetária, embora não seja garantido o crescimento econômico a longo prazo; o Estado deve ser ágil e autônomo, mas sem ser extenso e particularista, e a reestruturação do Estado deve ser encaminhada de maneira democrática (Tavares & Fiori, 1993:167-168).

Sob tal prisma e tentando atender a qualquer preço aos países centrais por meio de medidas como o projeto Sivam e a Lei de Patentes, enquanto os déficits da Balança Comercial continuam persistindo, o governo FHC persegue os mesmos objetivos de modernização do Estado brasileiro que não puderam ser cumpridos por sucessivos governos. De qualquer modo, esse projeto, sem romper com o passado, é o movimento articulado pelas elites brasileiras no sentido de manter a história de exclusão de nossas maiorias.

Ressalto que não faz parte do horizonte deste trabalho a análise do governo Fernando Henrique em si mesmo; o aqui apontado constitui referência para as análises que procederei dos elementos constitutivos do meu objeto de tese, em especial as expressões da "questão social" na conjuntura do ideário neoliberal e as respostas que esse governo vem dando a ele.

É patente que a situação nacional é complexa, convivendo-se, mesmo nas regiões mais desenvolvidas como a leste e a sul, com a simultaneidade de ocorrência de vários tipos da exploração capitalista, como o trabalho escravo e a exploração do trabalho infantil e da mulher.

De outro lado, identificam-se alterações substantivas na estrutura, composição e mobilidade das classes (e frações) sociais, como nos aponta Netto (1996:93):

"a estrutura de classes da sociedade burguesa vem experimentando verdadeira eversão, até mesmo com o desaparecimento de antigas classes, como é o caso do campesinato. Ocorrem alterações profundas, quer no plano econômico — objetivo da produção/reprodução das classes e suas relações, quer no plano ídeo-subjetivo do reconhecimento da pertença de classe (e sabe-se da unidade de ambos os planos na prática social)".

O que me parece claro é que tais problemas e a miséria e a pobreza não foram inventados no governo FHC, mas o que pretendo demonstrar é que as políticas neoliberais estão contribuindo para o agravamento da situação histórica de exclusão social que as elites econômicas conformaram à população brasileira. Nessa perspectiva é que a análise das políticas estatais atuais estão sendo abordadas.

Na trilha do que representa a vulnerabilidade central desse governo, a questão do desemprego e da instalação de um processo recessivo no país merece um destaque analítico. Assim, o desemprego no Brasil atual com níveis cada vez mais crescentes é tema que freqüenta os debates de toda natureza: acadêmica, política, econômico-financeira e, sobretudo, social. A Revista da Gazeta Mercantil, no seu Balanço Anual de 1997, apresenta uma matéria bastante densa a respeito: "O desafio de gerar empregos", da jornalista Iris Walquiria Campos (1997:6-20). Nela há um contraponto às análises mais generalizadas na mídia, e mesmo em determinados circuitos acadêmicos, sobre os determinantes do atual desemprego que afirmam ser estes apenas oriundos da reestruturação produtiva e do processo de globalização mundial. Contra essa visão, a articulista traz à tona o pensamento de alguns economistas respeitáveis, entre eles o francês Jaime Marques-Pereira e a professora da USP, Maria Cacciamali, que afirmam ser o problema do desemprego e dos excluídos muito mais o resultado da ação política dos governantes. Diz Marques-Pereira: "Políticas públicas podem amenizar o processo de ajuste e estabilização em andamento no Brasil"; Cacciamali, por sua vez, afirma que o crescimento da economia ainda é a principal arma contra esse fenômeno. Segundo ela, o que está ocorrendo no Brasil é a diminuição dos empregos formais, uma expansão do trabalho por conta própria e dos empregos assalariados sem carteira assinada, ressaltando que mesmo que a taxa de desemprego brasileira sendo ainda inferior à internacional, o país não possui um aparato institucional de proteção ao desemprego no mesmo nível do existente lá fora.

A economista Maria da Conceição Tavares é outro nome mencionado nessa reportagem, e sua posição sobre tal questão completa as anteriores; para ela a abertura econômica abrupta e desordenada, desde a gestão Collor, em conjunto com a valorização cambial, aperto creditício e aumento das taxas de juros, são os fatores responsáveis pela desestruturação de vários setores da indústria nacional e que estariam gerando "um processo de substituição da produção nacional", e, portanto, concluo, prejudicando a possibilidade de crescimento econômico desses setores.

Ainda nesse texto, para alguns técnicos do Instituto de Pesquisa Econômica Aplicada (IPEA), a compressão da capacidade de investimento do Estado também tem sido apontada por muitos como um dos principais redutores do potencial de geração de emprego no país; para eles, "iniciativas de políticas de criação de empregos, e mesmo de educação e qualificação do trabalhador, ainda são tímidas e dependem dos agregados macroeconômicos".

Finalmente, Cacciamali centra na educação a prioridade que o governo deve empreender para solucionar o desemprego aliada às políticas sociais, com ênfase maior na diminuição dos níveis de pobreza do país e melhor distribuição de renda, e chama a atenção para a quase inexistência de políticas específicas para essa questão. Arremata sua posição afirmando que a distribuição de renda no país não é uma proposta prioritária do governo: "não é no presente, como não foi no passado. No passado, a ênfase era mais o crescimento econômico. Agora, é mais na estabilização, na eficiência econômica, no aumento de produtividade e competitividade nacionais. A questão distributiva continua de lado".

De outro prisma, isto é, pela via de empresários, que não podem ser considerados como oposição ao atual governo federal, correm também críticas à sua política econômica. Pesquisa realizada com 500 empresários do Pensamento Nacional das Bases Empresariais (PNBE), publicada na *Folha de S. Paulo* (Caderno Dinheiro, 16.11.1997, p. 2), apresentou, entre outros, os seguintes resultados: 79% reprovam o governo FHC com a justificativa de que "o governo se perdeu com o sucesso do Plano Real, distanciou-se da sociedade organizada e não soube avaliar a evolução da conjuntura". Uma recessão é esperada pela grande maioria, variando a duração: para 45%, ela será breve, para 40%, será prolongada; para 62% dos entrevistados, o país permanece vulnerável a um ataque especulativo contra o Real, apesar de 66% deles terem apoiado as medidas do governo para enfrentar a crise asiática de 1997.

Tal ilustração revela que as evidências dos rumos da política econômica do governo contra a economia nacional já atingiram setores da burguesia, provocando fraturas na base de sua sustentação político-econômica.

Arremato esta discussão sobre política econômica de FHC enfatizando ainda mais o desemprego, que é a vitrine das discussões de hoje no mundo capitalista em crise, e evidenciando ser este, a meu ver, o ponto fulcral da questão social, de modo que nenhum governo que deseje enfrentar a crise social de hoje pode abdicar de transformar a questão do emprego/desemprego na meta prioritária para encontrar os caminhos de sua resolutividade. Jorge Eduardo Mattoso, do Centro de Estudos Sindicais e de Economia do Trabalho da Universidade de Campinas, já tratava dessa problemática na ótica dos entrevistados na matéria da *Gazeta Mercantil*, tempos atrás, em entrevista ao *Jornal do Brasil* (1º Caderno, 1º.6.1996, p. 7). Segundo ele, a raiz do desemprego estaria no modelo econômico adotado por FHC, que não estimula o aumento da produção que, no caso brasileiro, tem várias causas. "A primeira delas é o modelo de inserção no mercado internacional adotado pelo Brasil, que não prevê políticas defensivas para o setor industrial, agrícola ou para o emprego. A segunda causa é a ausência de quaisquer mecanismos de regulação da concorrência e do mercado de trabalho. A terceira causa é a política econômica do Plano Real, que se constitui sobre duas âncoras nocivas à produção e ao emprego: a supervalorização do câmbio, que dificulta a competitividade das empresas nacionais no mercado internacional, e as taxas de juros elevadas, que dificultam a produção interna."

Mattoso ressalta tratar-se de uma inverdade a afirmação de que o desemprego é responsabilidade do desenvolvimento tecnológico — o fato é que não existem políticas para enfrentá-lo. Afirma que as causas brasileiras de tal fenômeno são comuns a todos os países que adotam as políticas do Consenso de Washington, como a Argentina e o México, concluindo que é "um equívoco se pensar que só há uma maneira de se inserir nessa nova ordem econômica. Uma das formas é preservando minimamente os interesses nacionais".

O que se vê é o Brasil seguindo a rota definida por FHC de manter a estabilidade econômica ao custo de altas taxas de juros para atrair capitais especulativos, sob o preço da retração do desenvolvimento econômico, do aumento do endividamento externo e interno e da baixa produtividade de setores econômicos. Além da destruição de parte da estrutura produtiva com índices crescentes de desemprego.

Segundo pesquisa recente do Instituto Brasileiro de Geografia e Estatística (IBGE),[2] publicada no *Jornal do Brasil* (Economia, 4.2.1998, p. 13), a taxa de desemprego aberto de dezembro de 1997 (5,66%) em relação a dezembro de 1996 (5,42%), que identifica o número de pessoas desempregadas ou procurando emprego, chegou a 4,84% da população economicamente ativa (PEA) de 17,1 milhões de brasileiros. É a taxa mais alta do país nesse mês nos últimos quatorze anos, com exceção de 1983, com a recessão resultante da crise da dívida externa. Esse indicador anual reflete o comportamento do mercado de trabalho nas maiores regiões metropolitanas do país: Recife (5,88%), Salvador (7,72%), Belo Horizonte (5,08%), Rio de Janeiro (3,72%),[3] São Paulo (6,59%), Porto Alegre (5,46%), não expressando ainda os reflexos do pacote fiscal de outubro de 1997.

Segundo os pesquisadores do IBGE,

"os dados do desemprego em 1997 revelam que o fenômeno da migração da mão-de-obra demitida da indústria para o setor de serviços, que marcou os três primeiros anos do Plano Real, perdeu fôlego. A partir do segundo semestre de 1997, muitas pessoas abandonaram o merca-

---

2. O IBGE mede o chamado desemprego aberto (que segue as normas da Organização Internacional do Trabalho (OIT)), não incluindo a mão-de-obra informal; além disso, o IBGE conta as pessoas a partir de quinze anos e a coleta é realizada em uma semana, calculando a média de desemprego das seis principais regiões metropolitanas. A pesquisa do Dieese/Seade — respectivamente, Departamento Intersindical de Estatística e Estudos Sócio-Econômicos e Fundação Sistema Estadual de Análise de Dados — inclui também as crianças entre dez e quinze anos, abrangendo somente a cidade de São Paulo, e é feita durante trinta dias. É pesquisado também o chamado desemprego oculto, ou seja, as pessoas que fizeram trabalhos esporádicos (bicos) no período investigado, e ainda aquelas que procuraram emprego no último ano e desistiram. Em razão da diferença de métodos, os índices entre esses órgãos são diversos, sendo o do IBGE sempre menor do que o do Dieese/Seade.

3. O Rio de Janeiro apresentou o menor índice de desemprego devido ao aumento de 6% da população ocupada sem remuneração, e porque o número de pessoas trabalhando por conta própria também cresceu 3,7%, contra a média nacional de 2,2%, e o comércio demandou 0,9% de trabalhadores a mais que a média de 0,7% (*Jornal do Brasil*, Economia, 4.2.1998, p. 13).

do de trabalho sem qualquer tentativa de reversão. Tanto que o percentual da população economicamente inativa aumentou em 5,1% em relação a 1996. Ou seja, 12,2 milhões de brasileiros deixaram o mercado de trabalho no ano passado".

Os dados indicam que o crescimento do setor de serviços em 1997 em relação a 1996 foi apenas 1,4%, "insuficiente para conter o impacto negativo verificado em outros setores, como a indústria de transformação, que efetuou uma redução de 4% em seus quadros".

De outro lado, os trabalhadores brasileiros tiveram um grande golpe com a aprovação do trabalho temporário em 1997, uma das metas importantes do governo FHC na sua política de flexibilização das relações trabalhistas. A perda da multa de 40% nas demissões sem justa causa, a redução de 8% para 2% do FGTS para empregadores, a não-obrigatoriedade do pagamento dos 30 dias de aviso prévio além da permissão às empresas de contratarem empregados por apenas dois anos de trabalho, todos esses itens representam um leque de indicadores para a legalização do trabalho precário, de condições de instabilidade para a "classe-dos-que-vivem do trabalho" como quer Antunes (1995:69).

Ao lado disso, a dívida do Tesouro Nacional, de acordo com o Ministério da Fazenda (*Jornal do Brasil*, Economia, 3.2.1998, p. 14), teve um salto de R$ 102,88 bilhões em 1997, batendo em R$ 225,65 bilhões no mês de dezembro, em comparação com um estoque de 122,77 bilhões em 1996. Por conta desse brutal aumento do endividamento, a União teve uma conta de juros de 26,7 bilhões e R$ 10,9 bilhões de correção monetária, totalizando R$ 32,8 bilhões de pagamento somente de juros de dívida.

Quer dizer, esses dois dados — desemprego e nível de endividamento — estão intimamente ligados porque o fio condutor é essa política econômica que privilegia a estabilidade monetária ao preço do sucateamento das bases de desenvolvimento da indústria nacional e, portanto, com recessão e desemprego.

Por outro lado, a crise da Ásia compõe a moldura das inúmeras crises por que passa o capitalismo ao longo de sua existência. Essas crises financeiras demarcam períodos da expansão capitalista que sempre incluíram *crashes*, como no século XVII, quando o comando financeiro passou de Gênova para a Holanda; no século XVIII, para a

Inglaterra, e no século XX, após 1929, quando passou para os Estados Unidos.

O que vimos acontecer hoje com a crise asiática reproduz o que ocorreu nos fins dos anos 20 e nos anos 30 com os Estados Unidos, quando Londres era o poderio econômico, que embora em declínio teve condições de se proteger, e os Estados Unidos representavam o emergente econômico de hoje, ainda desprotegido sob a lógica de então.

Os países da Ásia: Indonésia, Tailândia e Malásia (principalmente estes), como os Estados Unidos naquela época, são hoje o centro da crise financeira porque também são países em ascensão e, portanto, estão sob forte instabilidade e sujeitos aos reveses da falta de controle do capital volátil globalizado de hoje. Este, sim, é um dos fatores de instabilidade das moedas nacionais, com a inexistência de qualquer regulação do capital especulativo. Segundo o velho Galbraith em entrevista para o jornal *Folha de S. Paulo* (Dinheiro, 2.11.1997, p.2): "Há dois séculos cometemos os mesmos pecados de voracidade e insensatez (...) via de regra, uma crise na Ásia significa um deslocamento maciço de capitais para Wall Street, que para os estrangeiros representa um refúgio". Perguntado nessa entrevista se as reações em cadeia da crise financeira da Ásia não seriam também um efeito da globalização, Galbraith foi incisivo: "Globalização não é um conceito sério. Nós, os americanos, o inventamos para dissimular nossa política de entrada econômica nos outros países. E para tornar respeitáveis os movimentos especulativos de capital, que sempre são causa de graves problemas". E frise-se que Galbraith não é nenhum marxista.

Os dados a seguir podem ser vistos com euforia por um lado, e com pesar, por outro. Segundo matéria (publicada na revista *Veja* nº 1531, 28.1.1998, p. 23), o Produto Interno Bruto (PIB), em 1997, ultrapassou a casa dos 800 bilhões de dólares, passando o Brasil de oitavo para sétimo país mais rico do mundo, à frente da China, Espanha e Canadá, por exemplo. Compõe o grupo agora de "renda média alta", segundo a classificação do Banco Mundial, ao passar dos 5 mil dólares a renda média *per capita*. No entanto, o crescimento real da economia em 1997 foi de 3,4%, inferior aos outros anos e com previsão menor ainda para 1998, entre 2% e 3%, dado este que faz jus à política de redução do desenvolvimento da economia brasileira para atender às políticas de ajuste determinadas pelo capital internacional para países periféricos como o nosso. Ou seja, o salto do PIB e da renda não significa mais produtividade do parque industrial brasileiro, nem que o brasileiro esteja com mais reais no bolso. O país, ao contrário, continua com péssima distribuição de renda.

No patamar das conseqüências do modelo econômico adotado pelo governo FHC, quem paga o pato, quase sempre, são os trabalhadores. Na recente crise de outubro de 1997, a resposta do governo com o chamado pacote fiscal provocou um recrudescimento do arrocho salarial para as camadas médias, pela via indireta do aumento das alíquotas do imposto de renda, bem como algumas limitações nos itens de desconto na declaração anual de impostos.

Essa crise, cujos efeitos continuam a atingir outras regiões do mundo, não está sob controle. O caso do Japão, a partir do início de 1998, e a falência da Rússia, em meados desse mesmo ano, evidenciam que o sistema financeiro precisa urgentemente de regulação, quer dizer, de controle e taxação dos fluxos do capital especulativo.

O novo ataque especulativo ao Brasil, em agosto de 1998, comprovou a fragilidade do modelo econômico neoliberal brasileiro. Novamente, o enfrentamento pelo governo dessa nova crise com o pacote proposto atinge setores da classe média, os pequenos e médios empresários e os servidores públicos. O que ocorreu é a reedição do aumento de juros, dessa vez com índices insuportáveis, para enfrentar as perdas das reservas nacionais, contribuindo para a instalação de um grave quadro recessivo no país.

Em que pesem outras razões que determinam a particularidade dessa crise, sinalizadas por analistas econômicos como os altos preços dos ativos reais — capital e terra —, é certo que o déficit em conta corrente naqueles países asiáticos foi uma das causas. Este é o ponto de relação direta com a situação brasileira, pois tal déficit é um indicador de instabilidade que vulnerabiliza as economias nacionais frente aos ataques especulativos dos capitais voláteis que viajam pelo mundo sem fronteiras, perseguindo taxas maiores de lucro. Portanto, a estabilidade da moeda no Brasil, com índices cada vez menores de inflação (já com mostras de deflação), é um indicador insuficiente para que o país tenha garantidas as salvaguardas econômicas necessárias para enfrentar ataques externos dessa natureza.

Conforme está sendo demonstrado neste trabalho, a tônica central desses tempos de crise é a instabilidade em todas as dimensões.

Causa apreensão que o declínio econômico seja uma insegurança para a sedimentação das instituições democráticas e os tempos neoliberais venham provocando nuvens maiores ainda de incerteza em relação ao fortalecimento dos valores que embasam a coesão social. "Valores de mercado (...) reduzem tudo, inclusive seres humanos (trabalho) e natureza (terra), a mercadoria. Nós podemos ter uma economia de mercado, mas não podemos ter uma sociedade de mercado. Além dos mercados, a sociedade precisa de instituições para servir aos objetivos sociais como liberdade política e justiça social. Há instituições assim em alguns países isolados, mas não na sociedade global. O desenvolvimento da sociedade global ficou atrasado em relação ao crescimento da economia global. A menos que essa distância acabe, o sistema capitalista não sobreviverá" (revista *Veja*, nº 1527, 24.12.1997, p. 90). Essa afirmação de George Soros adquire maior significação por se tratar de um dos maiores capitalistas dos Estados Unidos e especuladores mundiais, demonstrando preocupação com os efeitos descontrolados das sociedades de mercado que se estão formando na era da globalização. É evidente que somente nesse ponto há um encontro com minhas idéias, porque as soluções de Soros amparam-se em outros marcos político-teóricos. No entanto, não deixa de ser uma singularidade que um integrante da burguesia desse naipe esteja preocupado com tais questões, ainda que, em última instância (é óbvio), o horizonte de sua referência principal seja a sobrevivência do capitalismo.

2.2. A "Questão Social", suas Expressões no Brasil e as Respostas do Governo Fernando Henrique Cardoso

Os processos sociais que compõem a dinâmica da nova divisão internacional do trabalho no estágio atual do capitalismo também estão provocando novas manifestações da "questão social".

De início, faz-se pertinente efetuar uma análise breve da "questão social" em termos de sua constitucionalidade histórica em função das respostas do capital às suas expressões na conjuntura atual.

É certo que a "questão social" é relacionada diretamente ao modo de produção capitalista, no bojo do processo de industrialização e do surgimento do operariado e da burguesia industrial.

Segundo Cerqueira Filho (1982:21): "Por 'questão social', no sentido universal do termo, queremos significar o conjunto de problemas políticos, sociais e econômicos que o surgimento da classe operária provocou na constituição da sociedade capitalista. Logo, a 'questão social' está fundamentalmente vinculada ao conflito entre capital e trabalho".

No capitalismo concorrencial, a "questão social" era tratada com ações coercitivas pelo Estado, na medida em que a força de trabalho respondia às refrações daquela mediante organização e mobilização para o alcance de seus direitos sociais. Ou seja, era uma questão de polícia e não de política.

É somente com o advento do capitalismo monopolista que a "questão social" torna-se objeto de respostas institucionais por meio de políticas sociais como um mecanismo básico para a reprodução social da força de trabalho e de legitimidade das elites, além da reprodução do capital como pressuposto constitutivo da formação capitalista.

Retomando aqui a constituição das políticas sociais como a base materializada dessa intervenção estatal, é de se supor que sob a égide de outro tipo de Estado dos tempos neoliberais essa estratégia já não poderá contribuir para atender ao objetivo precípuo da formação social capitalista, qual seja o de reprodução e valorização do capital.

Portanto, nessa perspectiva é que deve ser compreendida e analisada a crise do *Welfare State* como um modelo a ser substituído frente às exigências da reestruturação produtiva.

"Questão social" é uma nominação surgida no século XIX a partir das manifestações de miséria e pobreza advindas da exploração das sociedades capitalistas com o desenvolvimento da industrialização. É em tal contexto que começam as respostas para o enfrentamento dessa nova cara do capitalismo surgida naquela época. Conforme sinaliza Castel (1998:30): "A 'questão social' é uma aporia fundamental sobre a qual uma sociedade experimenta o enigma de sua coesão e tenta conjurar o risco de sua fratura". Ao analisar o divórcio entre os direitos dos cidadãos da sociedade em ritmo de industrialização e as suas condições precárias de acesso aos benefícios do progresso, Castel pontua que

"O hiato entre a organização política e o sistema econômico permite assinalar, pela primeira vez com clareza, o lugar do 'social': desdobra-se nesse entre-dois, restaurar ou estabelecer laços que não obedecem nem a uma lógica estritamente econômica nem a uma jurisdição estritamente política. O 'social' consiste em sistemas de regulações não mercantis, instituídas para tentar preencher esse espaço. Em tal contexto, a questão social torna-se a questão do lugar que as franjas mais dessocializadas dos trabalhadores podem ocupar na sociedade industrial. A resposta para ela será o conjunto dos dispositivos montados para remover sua integração. Entretanto, antes desta 'invenção do social' já havia social" (1998:31).

De fato, o social já existia antes desse período histórico, e cada época buscou suas formas particulares para tratar os seus desvalidos. Especificamente, na época do capitalismo concorrencial, quando havia muita filantropia, pouco Estado e inexistiam políticas sociais estatais como são conhecidas a partir do final do século XIX, o Estado já respondia a essa "questão social", objetivando basicamente a manutenção da ordem pública e utilizando a repressão frente à ameaça de corrosão que a população pobre representava. Ao lado dessa intervenção estatal, a sociedade tinha suas respostas de assistência aos pobres, conforme demonstram vários estudos a respeito.[4]

O que importa analisar aqui é que em cada época do desenvolvimento capitalista "a questão social" apresenta refrações em consonância com as determinações próprias da exploração capitalista e de acordo com o modelo de produção desenvolvido nesse período.

Sem dúvida, o que define hoje a "questão social" é diverso do que a caracterizou até a década de 70, ou seja, até o novo contorno do capitalismo pós-crise. Como nos diz Castel:

"Mas o que aproxima as situações desse tipo é menos uma comunidade de traços que decorrem de uma descrição empírica do que a unidade de uma posição em relação às reestruturações econômicas e sociais atuais. São menos excluídos do que abandonados, como se estivessem encalhados na margem, depois que a corrente das trocas produtivas se desviou deles" (1998:32).

Segundo esse autor, os vitimados sociais dessa hora são diferentes da época anterior. O trabalhador em situação de exploração em

---

4. O estudo de Martinelli (1989), entre outros, aborda com bastante propriedade a questão da assistência social em períodos anteriores ao do capitalismo monopolista.

épocas anteriores tinha um assento social, isto é, "seguia ligado ao conjunto das inter-relações sociais", e essa condição se expressava também na sua rebeldia política pelos caminhos das políticas de "integração" em sua "versão reformista" ou em sua "versão revolucionária".

Entretanto, para Castel, "os supranumerários" de hoje não se convertem em força de pressão, porque a sua condição de instabilidade social dada pelo predomínio da precariedade na inserção na sociedade do trabalho não lhe propicia um existir socialmente. Para ele, portanto, há uma profunda metamorfose da "questão social" precedente, configurando hoje "uma nova problemática, pois, mas não outra problemática". Quer dizer, a manifestação é nova, mas as determinações são as mesmas, conforme nos diz: "A volta histórica proposta mostrará que o que se cristaliza na periferia da estrutura social — sobre os vagabundos antes da Revolução Industrial, sobre os 'miseráveis' do século XIX, sobre os 'excluídos' de hoje — inscreve-se numa dinâmica social global" (1998:33).

Quer dizer, há uma posição homóloga entre os vagabundos de antes da Revolução Industrial e as diferentes categorias de inempregáveis de hoje; os processos de produção dessas situações são semelhantes em sua dinâmica e diferentes apenas em suas manifestações.

Para Castel, o que se configura hoje no mundo globalizado não é uma exclusão social nos termos em que é considerada comumente, mas um processo de desfiliação social. Exclusão para ele é imobilidade, designa "estados de privação" com maior visibilidade geográfica e com características de determinada cultura ou subcultura. Já o conceito de "desfiliação" é mais adequado porque pertence ao mesmo significado do que hoje está ocorrendo, ou seja, dissociação, desqualificação e invalidação social. Ou seja, não há como considerar-se uma autonomização da "questão social" em determinado território, uma vez que a vulnerabilidade tornou-se um elemento estratégico:

> "Reduzida ou controlada, permite a estabilidade da estrutura social, seja no âmbito de uma sociedade unificada (uma formação em que todos os membros se beneficiariam de seguridades fundamentais), seja sob a forma de uma sociedade dual consolidada (uma sociedade do tipo da de Esparta, onde existiriam poucas posições intermediárias entre

a dos cidadãos plenos e a de ilhotas firmemente dominadas)" (Castel, 1998:26-27).

Também Castel, a exemplo de outros pensadores,[5] enfatiza as particularidades dessa "questão social" do final deste século, sinalizando dois aspectos. O primeiro é que as suas manifestações, embora estejam afetas às periferias sociais, também atingem o conjunto da sociedade. Todo o tecido social está envolto na mesma "onda", isto é, da periferia caminham os efeitos para o centro, constituindo uma espécie de corrente expansiva que não poupa nenhum agente social das possibilidades desses efeitos:

> "Integrados, vulneráveis e desfiliados pertencem a um mesmo conjunto, mas cuja unidade é problemática. As condições de constituição e de manutenção dessa unidade problemática é que devem ser interrogadas. Se a redefinição da eficácia econômica e da competência social deve ser paga ao preço de se pôr fora-do-jogo de 10, 20, 30% ou mais da população, será possível falar ainda de pertencimento a um mesmo conjunto social? Qual é o limiar de tolerância de uma sociedade democrática para o que chamarei, ao invés de exclusão, de invalidação social? Tal é, a meu ver, a nova questão social. O que é possível fazer para recolocar no jogo social essas populações invalidadas pela conjuntura e para acabar com uma hemorragia de desfiliação que ameaça deixar exangue todo o corpo social?" (Castel, 1998:34).

O segundo aspecto é que Castel traz à baila uma interessante contribuição, qual seja, a relação entre *integração* e *inserção social*. Para ele, o *trabalho* é o grande integrador, a base de sustentação da estabilidade e de coesão social e de formação de identidades dos diversos grupos que interdependem socialmente. As sociedades capitalistas do centro implementaram à luz do pensamento keynesiano as políticas de integração, tendo como eixos a busca do pleno emprego, um sistema de proteção social de natureza universal e mecanismos de assistência social adequados àqueles segmentos da população em estado de risco social, conforme foi visto na Introdução deste trabalho.

---

5. Hobsbawm (1995) apresenta uma reflexão interessante sobre a desagregação social deste final de milênio, e na análise mais incisiva de Kurz (1993), sobre a crise societal do final deste século, podem ser extraídos elementos importantes de caracterização da "questão social" de hoje. Também consultar Netto (1993, 1996).

Para Castel, as políticas de inserção apresentam uma lógica que ele denomina de "discriminação positiva", porque são focalizadas em agrupamentos particulares e obedecem a mecanismos e estratégias próprias, distinguindo-se das políticas de integração cuja condição de foco é o caráter universalista.

Retomando o que afirmei anteriormente, o paradoxo é que na medida em que os neoliberais rejeitam as políticas de integração incrementando políticas cada vez mais focalizadas, os efeitos de suas ações exigem cada vez mais proteção generalizada, dada a crescente situação de instabilidade da maioria da população.

De fato, está em curso um engenhoso processo de aprimoramento dessa atuação focalista mediante a utilização de tecnologias que aperfeiçoam os antigos modelos existentes, principalmente porque nos tempos neoliberais ganha corpo uma relação público/privado de outro tipo, o que confere e requer novas inventivas no trato social. Daí "novidades" como o Pronasol, no México, e a Comunidade Solidária, no Brasil, serem modelos com indicação marcante da transferência "invisível" das ações estatais para o privado, pelas "mãos" da assistencialização da proteção social em nome da solidariedade, denominação atual da assistência.

Essas manifestações de hoje comprovam que em cada época histórica a proteção social teve uma conformação, e inúmeros exemplos são ilustrativos dessa assertiva;[6] neste final de século, com as transformações de todo o arcabouço da sociedade do trabalho, há que se compreender que também as políticas de "inserção" estão assumindo contornos e feições adequadas para responder às exigências das refigurações dessa conjuntura. De fato, não serão aquelas

"ações particularistas com o objetivo reparador corretivo e assistencial da ajuda social clássica. Aparecem (...) no fim dos anos 70 (...) No

---

6. O que se apreende ao longo da trajetória da história do capitalismo é que há uma relação direta entre cada período dessa formação social — concorrencial, monopolista e tardio — com os sistemas de proteção social e, no caso específico, de assistência social. Na primeira fase, havia muita filantropia, pouco Estado e não existiam as políticas sociais, conforme são entendidas hoje. No segundo momento, há muito Estado, a criação das políticas sociais e à filantropia foi creditado um papel de menor peso. No estágio do capitalismo sob a égide neoliberal, a proposta é pouco Estado (com outra feição), redução das políticas sociais e a refilantropização da assistência, inclusive, constituindo-se a filantropia empresarial.

começo, têm um caráter pontual e improvisado e se propõem a ser provisórias (...) Mas sua consolidação progressiva marca a instalação *no provisório como modo de existência*" (Castel,1998:542-543).

Como ilustração dessa assertiva e referindo-me às experiências das políticas de inserção na França, conforme assinala Castel, penso que o fio condutor que perpassa a sua lógica é o mesmo da Loas (Lei Orgânica da Assistência Social, promulgada em dezembro de 1993) aqui no Brasil, ao relacionar a descrição e análise empreendida por Castel no tocante às experiências de *"política da cidade" da França*, enfatizando a questão do emprego. Pontua Castel (1998:552-553):

"Representa, igualmente, uma inovação considerável em relação às políticas sociais anteriores por duas características. Pela primeira vez na história da proteção social, considerando-a num longo período, o corte entre as populações aptas para o trabalho e as que não podem trabalhar é recusado (...). Em segundo lugar, esse direito de obter 'meios adequados de existência' não é um simples direito à assistência. É um direito à inserção".

Verifico que ao pretender que a Loas se transforme numa política de "inserção", seus defensores também estavam imbuídos dessa referência de inserção, embora não precisamente explicitado nesse sentido, ao considerarem essa política como respondente aos mínimos sociais. Por compreender que mínimos sociais são consentâneos à condição de "inserção" de que nos fala Castel, e não ao sentido de "integração" de que seriam protagonistas as políticas de proteção social de cunho universalistas, acredito que há essa correspondência.[7]

De outro prisma, a multiplicidade de conexões que desempenha o trabalho é destacada por Castel:

---

7. A Loas, promulgada em 1993, regulamentou no plano jurídico-institucional a assistência social pública como política no campo da Seguridade Social. Em âmbito político, a Loas foi a expressão da luta organizada de múltiplos segmentos da área social, em todo o país, com expressiva participação dos assistentes sociais na direção desse processo. Os Conselhos Municipais e os Fundos Municipais de Assistência Social representam os instrumentos de controle da coisa pública, sendo as Conferências de Assistência Social, nos três níveis de governo, os espaços organizativos e mobilizadores para a consecução das políticas de assistência social. No entanto, tais mecanismos componentes da Loas estão sob o jugo das orientações dos governos neoliberais aos quais interessa fazer da Loas letra morta.

"uma hipótese geral para dar conta da complementaridade entre o que se passa num eixo de integração pelo trabalho — emprego estável, emprego precário, expulsão do emprego — e a densidade da inscrição relacional em redes familiares e de sociabilidade — inserção relacional forte, fragilidade relacional, isolamento social. Tais conexões qualificam zonas diferentes de densidade das relações sociais, zona de integração, zona de vulnerabilidade, zona de assistência, zona de exclusão ou, antes, de desfiliação" (Castel, 1998:532).

Diante dessa análise, conclui-se que uma sociedade atingida pelo desemprego e pela precarização do emprego é uma sociedade em estado de risco social, uma ameaça à coesão social que advém da condição de estabilidade que o trabalho acarreta. Portanto, pode-se considerar que *o núcleo da "questão social" hoje possa advir dessa desestabilização na condição do trabalho* que provoca incertezas de um lugar social em determinado território com assento duradouro. As incertezas de um futuro estável podem desencadear um feixe de reações e de manifestações de toda ordem, provocando a sensação de não existência social. O que me leva a concordar com a lucidez de raciocínio de Castel que,

"Assim como o pauperismo do século XIX estava inserido no coração da dinâmica da primeira industrialização, também a precarização do trabalho é um processo central, comandado pelas novas exigências tecnológico-econômicas da evolução do capitalismo moderno. Realmente, há aí uma razão para levantar uma 'nova questão social' que, para espanto dos contemporâneos, tem a mesma amplitude e a mesma centralidade da questão suscitada pelo pauperismo na primeira metade do século XIX" (1998:526-527).

Tal afirmação desencadeia várias possibilidades de debate em torno do enfrentamento dessa realidade. De início, uma primeira discussão é se as alterações hoje do mundo do trabalho são irreversíveis. Difícil afirmar-se que sim ou não. O que cabe, parece-me, é centrar-se nos fatos e suas determinações; projeções são fruto da dinâmica histórica e sempre há uma margem de imponderabilidade. Visto por esse ângulo, parece que o processo de reestruturação produtiva hoje em curso no mundo aponta para uma irreversibilidade, pelo menos, é um processo com todas as características de longa duração. Daí que o enfrentamento dos efeitos sociais desse novo processo produtivo supõe e exige diferentes mecanismos de ordens diversas: econômica, ideopolítica, sociocultural e institucional.

Em primeiro plano, situa-se a questão do Estado, aspecto que merece um tratamento mais aprofundado neste trabalho, uma vez que é o Estado o mecanismo de regulação das relações sociais para onde convergem e onde são gestadas as ações político-econômicas que afetam o conjunto da nação. Dessa temática tratarei mais adiante.

Ianni (1996:27) é outro autor que aborda a "questão social" de forma semelhante a Castel, ao afirmar que em todas as suas manifestações "está presente o elemento básico da questão social envolvida na dissociação entre trabalho, produção e apropriação, ou simplesmente alienação". Para esse autor, *os diversos aspectos da questão social podem "mesclar-se e dinamizar-se", mas a sua base de determinação é o desemprego*: "ainda que suas manifestações ocorram desigualmente, as relações e as redes que articulam a economia e a sociedade em escala mundial fazem com que algumas dessas manifestações revelem-se típicas da nova divisão internacional do trabalho" (1996:28). E finaliza afirmando que

> "as exigências de reprodução ampliada do capital, envolvendo sempre a concentração e a centralização de capitais, bem como o desenvolvimento desigual e combinado, atravessam fronteiras e soberanias. Todos os países, ainda que em diferentes gradações, estão sendo atingidos pelo desemprego estrutural decorrente da automação, robotização e microeletrônica, bem como dos processos de flexibilização generalizada" (1996:28-29).

E uma preocupante informação de Kurz (1993:6) citada por Ianni indica que "um número surpreendentemente elevado daqueles que perderam seus empregos jamais os terá de volta, como disse num discurso recente o secretário do Trabalho dos Estados Unidos, Robert Reich" (1996:29).

Para Ianni, o fato de vários aspectos da "questão social" convergirem para o desemprego agrava mais ainda as manifestações dessa, com "problemas relativos aos preconceitos de raça, idade e sexo, tanto quanto os referentes à religião e língua, cultura e civilização", afirmando ainda que o desemprego estrutural pode implicar a formação da "subclasse, uma manifestação particularmente aguda da questão social" que pode revelar vários aspectos da mesma: pauperismo, desorganização familiar, preconceito racial, guetização de coletividades em bairros das grandes cidades, preconceito social e de idade e desenvolvimento de uma espécie de subcultura de coletividades segregadas (...). A subclasse (...) indicando uma crescente desigualdade e a emergência de uma nova fronteira separando um segmento da população do resto da estrutura de classe (Ianni, 1996:30-31).

O que se evidencia como fio condutor das posições de Ianni é que a questão social deve ser tratada hoje como parte e como expressão do mesmo processo de globalização da economia, afirmando que "o mesmo processo de amplas proporções que expressa a globalização do capitalismo expressa também a globalização da questão social" (1996:26).

A partir das posições de Castel e Ianni, é interessante como contraponto que se identifiquem posições oficiais do atual governo explicitadas no documento recente do Instituto de Pesquisa Econômica Aplicada, tendo como título sugestivo "O Brasil na virada do milênio: trajetória do crescimento e desafios do desenvolvimento".[8] No seu volume 2, o primeiro tópico aborda a temática: "Principais dimensões da questão social".

De início, ressalta que a natureza da "questão social" de um país define-se "pelos mecanismos de exclusão e de geração de desigualdades entre segmentos sociais face aos direitos que confirmam, historicamente, a condição de cidadania" (IPEA, 1997:13).

Com essa premissa, o documento ressalta o caráter histórico de constituição da exclusão e das desigualdades sociais no Brasil para concluir que nos tempos de hoje

> "os novos mecanismos de exclusão são determinados pelo intenso processo de disseminação de um novo padrão tecnológico (...) O problema do emprego urbano/metropolitano tem-se ampliado (...) também porque está ocorrendo uma mudança na composição do estoque de desempregados, com uma crescente participação relativa dos homens, dos chefes de família. O mercado de trabalho está se tornando cada

---

8. Esse documento, sem dúvida, representa uma peça imprescindível para o conhecimento por todas as áreas profissionais, em razão de o mesmo apresentar não somente dados como também uma ampla análise da realidade brasileira, projetando perspectivas e índices para o Brasil da primeira década do próximo milênio, o que significa identificar nessas projeções as metas de governo do neoliberalismo no Brasil.

vez mais seletivo em termos de qualificação e experiência (...) cresce a taxa de desemprego aberto no campo" (IPEA,1997:13-14).

Na verdade, o documento analisa a questão social na sua relação e expressão histórica com os padrões de desenvolvimento brasileiro, destacando o sistema de proteção social como uma referência de maior ou menor grau de inclusão/exclusão social. Destaca que no modelo de desenvolvimento de altas taxas de crescimento, na década de 70, o sistema de proteção social abrangeu, basicamente, os trabalhadores urbanos, "tornando-se a relação de trabalho a chave de inserção e de usufruto de direitos sociais do cidadão". Arremata sinalizando que por conta dos limites dessa proteção social, as lutas sociais relacionadas à cidadania "provocaram, centralizaram e uniformizaram, no geral, a questão social do período 1930/80" (IPEA,1997:15).

Para os analistas do IPEA, nessa perspectiva de abordagem do social, o novo padrão de desenvolvimento do Brasil, nos marcos da reestruturação produtiva, delineia um "outro terreno em que se enraíza a questão social" (1997:15). Quer dizer, dadas as características de inserção social dos diversos segmentos, e em razão da enorme heterogeneidade que as condições de emprego/desemprego determinam, abre-se um grande leque de necessidades e demandas sociais que requerem atuações focalizadas às suas situações de risco social, além daquelas de feição universal que são objeto de pressão contínua dos grupos organizados. Sendo assim, os mecanismos de enfrentamento desse quadro social necessitam, segundo o IPEA, de um novo trato dos programas sociais:

"A polarização radical e simplificadora dessas concepções dá lugar a uma matriz mais complexa, na qual o que se opõe são formas e modalidades de combinar o universal e o focalizado, o estrutural e o emergencial, o curto e o longo prazo, com vistas a melhorar a efetividade do gasto social" (1997:15).

Finalizando esse item, o documento conclui que, além da combinação das políticas universalistas e focalistas, é mister

"prosseguir no rumo da descentralização e da consolidação de processos de coordenação das ações desenvolvidas pelos governos federal, estaduais e municipais, bem como daquelas que resultam da parceria entre poder público e a sociedade civil. A experiência que vem sendo desenvolvida pelo Programa Comunidade Solidária reflete o espírito dessa estratégia e sinaliza o caminho a ser percorrido" (IPEA, 1997:16).

Voltarei a esta estratégia de resposta ao social pelo Estado no Brasil de hoje.

Após essa caracterização da questão social do ponto de vista de sua conceituação e determinações, procederei à análise de algumas expressões da questão social dos anos 90 no Brasil, no sentido de estabelecer alguns nexos na relação dos seus determinantes com as suas refrações nessa conjuntura. Utilizarei dados oficiais do referido documento do IPEA e do Relatório sobre o Desenvolvimento Humano no Brasil — 1996[9] (com dados de 1990), além de eventuais informações mais recentes obtidas em outras fontes.

Segundo esse Relatório, os dados de 1990 refletem a trajetória da economia brasileira nas três décadas anteriores, afirmando que o crescimento da economia beneficiou todos os estratos da população, mas

> "não beneficiou igualmente todos os grupos, implicando um aumento no grau de desigualdade (...) a fração da renda apropriada pelos 20% mais ricos aumentou 11 pontos percentuais entre 1960 e 1990, enquanto a fração da renda apropriada pelos 50% mais pobres declinou seis pontos (...) Conta-se, assim, um nítido aumento no grau de desigualdade de renda entre 1980 e 1990, com a fração de renda apropriada pelos 20% mais ricos aumentando dois pontos percentuais, enquanto a fração relativa aos 50% mais pobres declinou dois pontos" (IPEA, 1997:20-21).

A partir desse indicador principal que é a concentração de renda, que reflete diretamente os efeitos da relação capital *versus* trabalho e, de forma mais acentuada, nos países periféricos como o nosso, faz-se pertinente apresentar alguns dados recentes de 1995, contidos no documento do IPEA e relativos aos indicadores de trabalho, saú-

---

9. O Relatório de Desenvolvimento Humano, publicação do IPEA em parceria com o Programa das Nações Unidas para o Desenvolvimento, trata a mensuração do IDH do Brasil, composto pelos índices de *esperança de vida, escolaridade* e *renda*. O IDH, criado em 1990 pelo PNUD, objetiva medir a qualidade de vida e o progresso humano em âmbito mundial, ou seja, os indicadores do grau de desenvolvimento dos países.

de, educação e assistência, como aqueles basilares da realidade social e, portanto, as referências principais para meu objeto de estudo.

No tocante aos níveis de emprego por setor de atividade, os dados revelam "uma taxa média anual do setor primário a 3%; o secundário a 0,8% e o terciário a 2,8%" (IPEA, 1996:46), evidenciando a tendência de diminuição gradativa do processo de (des)industrialização brasileira, ressaltando-se que esse fenômeno não pode ser generalizado, ou seja, há os diferenciais de progresso tecnológico por setor de atividade e nível de qualificação e por região também.

> "Em 1995, a população economicamente ativa comportava 72 milhões de trabalhadores, sendo 53 milhões (74%) não qualificados e 18 milhões qualificados (26%). Segundo a Pesquisa Nacional por Amostra de Domicílios (IBGE/PNAD) de 1995, citada no Documento, o índice de desemprego em 1995 apontava para o seguinte índice: da População Economicamente Ativa (PEA) de 72 milhões, 66 milhões encontravam-se ocupados. A desagregação por nível de qualificação revela que, para o ano-base (1995), dos 53 milhões de trabalhadores não qualificados na população economicamente ativa, apenas 49 milhões encontravam-se ocupados, ou seja, uma taxa de desemprego de 8,1%. Quanto aos trabalhadores qualificados, 17 dos 18 milhões encontravam-se ocupados" (IPEA, 1997:44).

Pelos dados recentes de 1997, colhidos pelo Dieese, da PEA de 74 milhões, 63,6 milhões estão com algum tipo de ocupação e 10,4 milhões desempregados (14,05%). Dos ocupados, são 27,3 milhões com carteira assinada e 36,3 milhões sem carteira assinada.

Em termos de segmentos sociais no mercado de trabalho, cabe situar os tradicionais atingidos pela exploração no mundo do trabalho: crianças, adolescentes, mulheres e os segmentos raciais, principalmente os negros.

Segundo ainda o Relatório de Desenvolvimento Humano no Brasil,

> "estudos empíricos sobre discriminação por gênero mostraram que os salários das mulheres são sistematicamente menores do que os dos homens (cerca da metade) (...) A mão-de-obra feminina está concentrada no setor terciário: 74% da PEA feminina (...) Esta 'preferência' das mulheres pelo setor terciário está associada à desvalorização embutida na socialização da mulher, que a modela para empregos de bai-

xo prestígio e parca remuneração, destinando-as majoritariamente a ocupações tidas como femininas" (1996:32-33).

Quanto ao trabalho de crianças e adolescentes, o referido documento aponta que

"três milhões de crianças e 4,6 milhões de adolescentes estavam no mercado de trabalho no Brasil em 1990. Tais números correspondem a 50% da população de adolescentes entre 15 e 17 anos e a 17% da população de crianças entre 10 e 14 anos (...) para a grande maioria (77%), a jornada de trabalho era superior a quarenta horas" (1996:30).

No tocante às condições de trabalho, as informações sobre a segurança são alarmantes conforme divulgação em matéria no *Jornal do Brasil* (1º Caderno, 9.11.1997, p. 14). Nas estatísticas dos ministérios do Trabalho e da Previdência Social, a cada dia 23 pessoas morrem no Brasil em conseqüência de acidentes do trabalho ou ficam incapacitados permanentemente cerca de 20 mil trabalhadores, média dos últimos cinco anos. Em 1996, houve um crescimento de 39,6% de mortes em relação às de 1995. Desde 1992, os dados relativos ao conjunto dos setores de produção registram a média anual de 400 mil acidentes sem morte. Os gastos da Previdência com benefícios advindos de morte ou invalidez estão ao redor de R$ 1,2 bilhão anualmente. A título ilustrativo, o setor extrativo, especialmente o do carvão, é responsável pelo maior número de acidentes de trabalho. Destaca-se, ainda, o da construção civil, que mata um operário por dia no país. Nesses casos, o que se sabe é que as condições de trabalho precárias determinam tais acidentes.

O Documento do IPEA em relação à questão saúde revela a importância do Sistema Unificado de Saúde (SUS) criado pela Constituição de 1988 e regulamentado em 1990, apontando a ampliação da cobertura assistencial no Norte e Nordeste e o decréscimo no Sul e Sudeste, em razão da medicina supletiva (seguros privados) nessas duas regiões. Indica que, até o final de 1996, 137 municípios já tinham assumido a gestão integral do Sistema de Saúde, correspondendo a 16% da população do Brasil (1997:77). E continua sua análise afirmando que há também bons índices de que o SUS tenha propiciado o acesso dos mais pobres aos serviços de saúde pelo fato de "a cobertura médico-hospitalar financiada pelo setor público permanecer praticamente estável desde fins dos anos 70, enquanto, entre 1987 e 1995, os planos e seguros privados de saúde (medicina supletiva) aumentarem em mais de 50% o número de associados" (1997:78). Para essa suposição, os analistas do IPEA indicam que houve uma troca de clientela, a chamada universalização excludente, isto é, a "opção" pela saúde privada deixou um espaço que foi ocupado pelos trabalhadores do mercado informal, desempregados e pela população rural. O documento admite que pode ter havido uma correspondência entre o número de "desassistidos" da década de 80, estimado em torno de 40 milhões, e o mesmo número em 1997 de atendidos pela medicina supletiva, o dobro de 1987, cerca de 22,4 milhões, configurando o deslocamento de clientela (1997:78). Ao mesmo tempo, os técnicos do IPEA ressaltam que o afastamento da classe média do SUS é parcial, em razão da discriminação dos planos privados a algumas doenças e pacientes crônicos, além da não-cobertura a medicamentos, próteses e órteses, itens esses que constituem grande despesa do SUS. Sem falar que, segundo esses dados, a cobertura hospitalar do SUS tem se mantido em torno de 10% (9% em 1995), e o atendimento ambulatorial, também na média nacional, não ultrapassa duas consultas/*per capita*/ano.

Optei por essa ilustração do pensamento oficial porque fica evidenciado pela lógica de análise do IPEA que o trato dado à questão da saúde e, sobremaneira, a naturalização atribuída aos planos privados demonstram como o social está sendo gestado nos tempos neoliberais brasileiros nos diferentes setores de atendimento social.

Os dados de educação não são mais animadores; segundo o PNAD/IBGE (apud IPEA 1995), no conjunto da população brasileira de dez anos e mais de idade por local de domicílio, apenas 13,6% e 12,9% possuem o 1º grau e o 2º graus completos, respectivamente, e apenas 4,4% têm nível superior. Na zona rural esses dados equivalem, na mesma lógica, a 4,3%, 2,5% e 0,4%, respectivamente (IPEA, 1997:98)

Parece que este quadro não vem se alterando significativamente nos últimos anos. No ensino básico, dos 7 aos 10 anos, há ainda um número grande de crianças fora da escola, de acordo com dados oficiais também recentes (PNAD/IBGE,1995). Segundo essa fonte, há no Brasil de hoje em torno de 2,5 milhões de crianças fora das escolas. Tal índice revela um dos mais sérios indicadores de exclusão social.

Essa situação de escolaridade nos níveis precários em que se encontra só agrava a condição de acesso ao emprego, conforme alerta o documento do IPEA: "cerca de 25 milhões economicamente ativas se encontram, pelos padrões emergentes de qualidade educativa, em situação de infra-escolaridade" (1997:97).

Por último, abordarei a questão da assistência ou as políticas focalizadas de atendimento a segmentos populacionais em estado de risco social, do ponto de vista do trato que vêm tendo na década de 90, pelo Estado na atual fase do capitalismo.

Sob o crivo dos gastos sociais, segundo estimativas do Banco Mundial, em 1990, o valor *per capita* dos gastos (inclusive os pagamentos da Previdência) referentes aos 20% mais pobres era 40% menor do que o valor relativo aos outros 80% da população (IPEA, 1996:15).

O Relatório aponta como iniciativas governamentais de combate à pobreza, à fome e ao desemprego os *Planos de Prioridades Sociais da Nova República*, o *Programa de Combate à Fome e à Miséria pela Vida* e, finalmente, o *Programa Comunidade Solidária*. Considera que os dois primeiros não lograram êxito: o primeiro, nos anos 1985-86, perdeu-se na rotina burocrática; o segundo era assentado em dois pilares: o governamental, envolvendo ministérios e principais órgãos da administração indireta, e o movimento social, apoiado na formação voluntária de comitês locais da campanha e tendo três princípios na sua formulação — "a solidariedade (vontade coletiva nacional), a parceria entre governo e sociedade e a descentralização". Tinha como órgão principal o Conselho da Segurança Alimentar (Consea). Esse programa também fracassou pela insuficiência de verbas e pela desarticulação entre os órgãos governamentais. O Consea foi extinto no início do governo FHC.

Ao contrário dos outros, para os técnicos do IPEA o Programa Comunidade Solidária, criado em 12 de janeiro de 1995 pelo governo FHC, é, de fato, a estratégia adequada para o combate à questão social:

> "assenta-se no modo de ação o caráter inovador do programa Comunidade Solidária, visando melhorar a eficiência dos gastos e ganhar efetividade na eliminação da pobreza (e não apenas na assistência aos pobres), atingindo-a na sua heterogeneidade e diferenciação (...) privilegiando ações integradas (...) contínuas, flexíveis e, principalmente, descentralizadas" (IPEA, 1996).

Combinando critérios de focalização territorial e de renda familiar, o Comunidade Solidária optou pela estratégia de concentrar a ação federal, na primeira etapa, em cerca de 302 municípios, escolhidos entre os mais pobres de cada estado, identificados e classificados segundo a proporção de incidência de famílias pobres (IPEA, 1996:53-54).

Para os técnicos desse relatório, o programa em questão apresentou em 1995 resultados positivos, segundo um quadro no relatório que descreve as áreas/programas, os recursos previstos e gastos efetivamente realizados e os principais resultados. Apenas arremataria, nessa análise, que o orçamento de R$ 2,503 milhões para em um ano desenvolver programas múltiplos de atendimento à miséria de cerca de 32 milhões de brasileiros constitui-se, no mínimo, um engodo.

Contudo, a questão dos gastos é particularmente problemática para ser aferida no tocante aos programas de assistência social, considerando que esse atendimento governamental, de fato, nunca se constituiu numa política social com estatura própria e alocação de recursos do orçamento federal.

Considerando o objeto principal deste capítulo, que é o trato da "questão social" pelo neoliberalismo do governo de FHC, faz-se necessário aprofundar aqui as concepções que se embatem relativas às respostas às necessidades sociais, sob a ótica dessa doutrina, para que se possa estabelecer referências de contraponto a essas problemáticas. O Documento do IPEA faz uma interessante recuperação dos objetivos e resoluções da Constituição de 1988 sobre o trato do social, sintetizando:

> "em três eixos valorativos e de organização dos programas: o universalismo e não a seletividade ou a sua focalização; a opção pelos serviços estatais gratuitos, e a preferência por programas do tipo assistencial, mais que pelos do tipo 'produtivo' ou de capacitação e geração de renda" (1997:55).

Ressalta que instituído esse campo de direito social, a Constituição de 1988 integrou a assistência social na seguridade social, concebendo-a como dever do Estado e de direito do cidadão e afirmando a primazia do Estado na condução da política de assistência social nos três níveis de governo.

A partir dessa localização histórica, o Documento (1997:56) introduz a discussão acerca dos novos conceitos, abordagens e respostas à questão social hoje, agravada pelo desemprego e pelo aumento da pobreza, destacando cinco mecanismos a serem enfatizados pela agenda pública, a saber:

1) reforço da seletividade e focalização em atendimento a setores mais vulneráveis e espacialmente localizados;

2) combinação de programas universais e seletivos, rejeitando-se a oposição universalismo *versus* seletividade e centrando-se no caráter de complementaridade entre a dimensão desses programas entre si;

3) programas de renda mínima — as transferências monetárias para famílias carentes acopladas a rendimentos escolares ou saúde dos filhos menores;

4) parceria público/privado no sentido de estimular a ampliação dos setores privados e organizações não-governamentais na oferta de serviços sociais;

5) ampliação de programas do tipo produtivo, tendo em vista contribuir para o reforço da capacidade e produtividade dos segmentos pobres na geração de renda.

O item descentralização é tratado com destaque no documento, como uma definição importante da Constituição ao fortalecer os estados e municípios em termos de recursos e autorização para arrecadar tributos próprios, mas afirma que essa descentralização não ocorreu no plano dos encargos, não definindo com precisão uma hierarquia das competências e atribuições dos distintos níveis de poder na área social. Tal condição acarreta ainda uma ausência de política de Estado, provocando "um conjunto desorganizado, fragmentado e inorgânico de programas e/ou projetos governamentais" (1997:58).

O Documento releva ainda como forma de descentralização "a conjugação de esforços públicos e privados no combate à pobreza, por meio das parcerias com ONGs, entidades filantrópicas e associações religiosas". Mas, em suas formas mais modernas, em que mecanismos pouco burocratizados de coordenação, acompanhamento e controle foram ativados, considera que tal relação tem registrado êxitos significativos, revelando que "(...) o país dispõe de reservas não esperadas de solidariedade e capacidade de ação (...) o Programa de Combate à Fome e à Miséria e o programa Comunidade Solidária provaram apoiar-se nessas parcerias" (1997:63).

Ressalto, finalmente, no documento do IPEA, sob o título de "O acesso das pessoas pobres aos programas sociais" a seguinte análise:

> "É inegável que alguns programas sociais têm tido sucesso em afetar grupos pobres, principalmente os programas mais universais, como a educação básica, a merenda escolar ou no outro extremo etário, as aposentadorias e pensões. Entretanto, os dados indicam a baixa efetividade do gasto social brasileiro com grupos pobres; o acesso dos programas é menor, proporcionalmente, para os mais pobres entre pobres (os indigentes, os pobres estruturais, os pobres das regiões pobres, particularmente os das áreas rurais)" (1997:56).

O que está em curso, conforme evidenciam esses dados oficiais, são dois processos que se entrecruzam: a privatização da seguridade social e a refilantropização da assistência, ambos com a mesma base de determinação neoliberal: a desconstrução dos direitos sociais como responsabilidade do Estado, tônica erigida pelo Estado de Bem-Estar Social, sob a égide do pensamento de John Keynes.

Como já apontei neste texto, a solidariedade é o nome da assistência social de hoje, ou seja, o apelo do Estado à sociedade para que se responsabilize pelos seus pobres, algo como: tome, que o filho é seu. Mas como nos aponta Sposati (1995:133): "A solidariedade da sociedade é então invocada como a responsabilidade moral para com a pobreza. Assim, longe da solidariedade da partilha, é instalada e fortalecida a solidariedade da benemerência".

Deixo claro que não tenho nada contra essa mobilização pela solidariedade, desde que ela não se transforme num fim em si mesma, visando apenas ao "pronto-socorro social", mas que seja utilizada como elemento catalisador de uma indignação social do país para exigir as necessárias reformas em defesa dos direitos sociais universais das populações de todos os estratos sociais. Caso contrário, estaremos reforçando a sociedade dual, isto é: aos cidadãos de primeira classe o acesso aos direitos e aos demais as nossas condolências sociais:

> "aos mais pobres só resta a solidariedade como a geração de um Estado paralelo e uma sociedade civil secundária justificatórias para ações de segunda geração e qualidade. As discussões sobre a solidariedade têm invadido o campo das políticas sociais, a um ponto que, no caso da América Latina, políticas sociais são superpostas ou substituídas por

programas como Pronasol no México e a Comunidade Solidária no Brasil" (Sposati, 1995:134).

Como o Pronasol, o Programa da Comunidade Solidária tem o focalismo como eixo central, visando às ações seletivas de combate à pobreza, com a participação da sociedade civil em programas de substituição da ação estatal na responsabilidade pelo enfrentamento da pobreza e da miséria social.

Para concluir essa análise, nada mais emblemático do que a matéria publicada no jornal *Folha de S. Paulo* (1º Caderno, 29.11.1997, p. 8), sob o título: "Projeto de Ruth cadastra voluntários", projeto este do Programa Comunidade Solidária para cadastrar pessoas interessadas em "prestar serviços não remunerados em entidades sem fins lucrativos", que prevê a implantação de dez centros de voluntários em nove estados e no Distrito Federal (oito já estão funcionando) e tem recursos do Banco Interamericano de Desenvolvimento (BID) da ordem de R$ 3 milhões. Outros R$ 5,3 milhões foram alocados pelo BID para a criação de rede de informações de entidades civis e para o levantamento da legislação sobre organizações sem fins lucrativos.

Fica evidenciado nesse novo projeto que a questão da assistência social se firma na ótica da solidariedade social, uma espécie de refilantropização da ação civil sob o patrocínio mobilizador do Estado. Aqui aparecem, a olho nu, mecanismos estatais neoliberais do trato da assistência social como "caridade pública", ou seja, o tratamento da pobreza deve ser responsabilidade do setor privado (quer dizer, da sociedade civil), cabendo ao Estado um papel subsidiário (Serra, 1993:152). Essa iniciativa representa um enorme retrocesso na área social, é como se a Loas fosse oficialmente ignorada e jogada no lixo.

Outra iniciativa governamental foi a criação, em dezembro de 1997, do projeto Serviço Civil Voluntário pela Secretaria Nacional dos Direitos Humanos do Ministério da Justiça, custeado pelo Ministério do Trabalho por meio de recursos do Fundo de Amparos ao Trabalho (FAT). O projeto visa à formação de jovens na faixa dos dezoito anos, homens e mulheres, que vivem em situação de risco social com uma média de três anos de escolaridade. Esses jovens receberão formação completa em primeiro grau, qualificação em informática e gestão de pequenos negócios, além de informações sobre cidadania. Em troca, semanalmente, prestam serviços de cidadania em sua comunidade, como "limpeza de valas, construção de muros e encostas, coleta de lixo". No caso do Rio de Janeiro, é dirigido pelo governo do Estado, por intermédio da Secretaria de Trabalho e Ação Social, e coordenado pela ONG Viva Rio, com a participação de diversas organizações da sociedade civil, previamente cadastradas e selecionadas (revista *Black People*, 1998:22).

Esse projeto é um exemplo da propagada parceria União, Estado e sociedade civil, pontuando, nesse caso, a desobrigação do Estado frente aos serviços básicos de infra-estrutura.

A seguir, retomo a temática do Estado, como base de referência das respostas do capital à "questão social" hoje, enfocando o Estado como regulador das relações sociais e como objeto de reformas frente às alterações requeridas pelo capital.

Para começar, recorro à premissa de que as transformações que ocorrem no capitalismo ao longo de sua trajetória nas suas diferentes fases e estágios — concorrencial, monopolista e tardio — provocam alterações no processo produtivo e nas relações sociais de produção que incidem diretamente nas conformações que o Estado assume para responder a essas alterações. Vale afirmar, portanto, que para cada etapa do capitalismo há a criação de um Estado correspondente.

Conseqüentemente, os demais processos ideopolíticos e socioculturais também são determinados por essas alterações das relações capitalistas, imprimindo em cada época de existência do modo de produção capitalista relações entre o capital e o trabalho também modificados nas suas correlações de força e manifestações concretas das lutas de classes. Nessa perspectiva, como nos aponta Poulantzas,

> "a urgência é (...) compreender a inscrição da luta de classes, muito particularmente da luta e da dominação pública, na ossatura institucional do Estado (no caso a da burguesia no arcabouço material do Estado capitalista) de maneira tal que ela consiga explicar as formas diferenciais e as transformações históricas desse Estado" (Poulantzas, 1985:144).

Essa afirmação de Poulantzas implica que o Estado deve ser visto do ponto de vista político como "a condensação material de uma relação de forças entre classes e frações de classe, tal como ele expressa, de maneira sempre específica, no seio do Estado", acrescentando que não é apenas uma relação ou a condensação de uma relação, mas é "a condensação material e específica de uma relação de forças entre classes e frações de classe" (1985:147-148).

Significa, portanto, compreender que há uma contínua tensão no interior do Estado, fruto dos interesses das classes, permanentemente em disputa que e, historicamente, estão perpassados ora por períodos de maior embate, ora resultam em pactos de curto, médio ou longo prazos.

Mandel, em seu trabalho *O capitalismo tardio* (1980), discute as funções do Estado na fase do capitalismo tardio: a econômica, a repressiva e a integrada. Para ele, o capitalismo tardio[10] caracteriza-se pela "combinação simultânea da função diretamente econômica do Estado burguês, do esforço para despolitizar a classe operária e do mito de uma economia onipotente, tecnologicamente determinada". Mandel destaca a hipertrofia do Estado nessa fase capitalista sinalizando as possíveis crises se as taxas de lucro do capitalismo não estiverem em níveis satisfatórios, isto é, "a redistribuição dos rendimentos sociais para o orçamento nacional não pode levar a uma redução a longo prazo da taxa de mais-valia, ou ameaçar a valorização do capital" (Mandel, 1980:332-350).

Quando isso acontece, os grupos de plantão da classe burguesa pressionam o Estado para direcionar sua ação priorizando os interesses do capital, revertendo políticas, criando mecanismos de regulamentação excepcionais, concedendo subsídios e garantias para o capital. Por outro lado, também Mandel examina a outra ponta dessa balança ao destacar que a

> "ascensão do capitalismo monopolista coincidiu com o aumento da influência política do movimento da classe operária (...) Esse desenvolvimento teve efeitos contraditórios sobre a evolução do Estado burguês em sua fase imperialista. Por outro lado, o surgimento de poderosos partidos da classe trabalhadora aumentou a urgência e o grau do papel integrador do Estado (...) Outra característica dessa época foi

---

10. O capitalismo tardio (conceituação empregada por Mandel) denota o estágio do capitalismo pós-45, marcado não só pela revolução científica e técnica, mas ainda pela incidência de altas taxas de inflação e por ondas longas depressivas.

uma ampliação geral da legislação social, que ganhou impulso particular no período imperialista (...) A tendência à ampliação da legislação social determinou, por sua vez, uma redistribuição considerável do valor socialmente criado em favor do orçamento público, que tinha de absorver uma percentagem cada vez maior dos rendimentos sociais, a fim de proporcionar uma base material adequada à escala ampliada do capital monopolista" (1980:338-339).

Por sua vez, a ampliação das funções do Estado na área econômica responde às exigências do capitalismo tardio: a redução da rotação do capital fixo, a aceleração da inovação tecnológica e o aumento enorme do custo dos principais projetos de acumulação do capital por conta da revolução tecnológica. O resultado dessas características

"é uma tendência do capitalismo tardio a aumentar não só o planejamento econômico do Estado, como também aumentar a socialização estatal dos custos (riscos) e perdas em um número constantemente crescente de processos produtivos (...) e a incorporação pelo Estado de um número sempre maior de setores produtivos e reprodutivos às 'condições gerais de produção' que financia. Sem essa socialização dos custos, esses setores não seriam nem mesmo remotamente capazes de satisfazer as necessidades do processo capitalista de trabalho" (Mandel, 1980:339).

De fato, esse papel integrador do Estado foi, historicamente, resultante das alterações estruturais do modo de produção capitalista aliadas às possibilidades maiores ou menores de pressão da classe trabalhadora junto ao Estado para incorporar as suas demandas de direitos sociais. Foi assim com o capitalismo monopolista sob o enfoque distributivista-keynesiano, cuja expressão deu-se com as regulações do *Welfare State*, através de suas políticas de pleno emprego e de expansão da proteção social universalista.

Ao contrário, a crise econômica dos anos 70 traz à tona a rejeição do capital pelos níveis redistributivos do *Welfare State* que estavam reduzindo suas taxas de lucro e, dessa vez, é o caráter integrador do Estado o alvo de desmontagem. Ao mesmo tempo, identificam-se estratégias neoliberais de desqualificação político-econômica da regulação estatal econômica considerada como anacrônica e um entrave ao desenvolvimento.

Num exemplo e noutro, o que define a alteração do Estado são os interesses do capital que se apresentam por meio de políticas de gestão às quais aquele deve submeter-se para transformar-se no Estado adequado ao capital.

A ilusão de um Estado de Bem-Estar sólido e como algo acabado e inatacável, que setores adeptos das transformações sociais ainda supõem, é algo que a realidade dos anos 80 e 90 evidencia como uma utopia em relação às conquistas históricas da cidadania social. Penso que novamente Mandel nos põe a descoberto diante dessas ilusões redistributivas da social-democracia e das idéias de Keynes:

> "Todas as ilusões subseqüentes relativas a um 'Estado Social' baseavam-se (...) na falsa crença em uma redistribuição crescente da renda nacional, que tiraria do capital para dar ao trabalho (...) As ilusões quanto à possibilidade de socialização através da redistribuição não passam, tipicamente, de estratégias preliminares do desenvolvimento de um reformismo cujo fim lógico é um programa completo para a estabilização efetiva da economia capitalista e de seus níveis de lucro. Esse programa incluirá basicamente restrições periódicas ao consumo da classe operária, a fim de aumentar a taxa de lucro e assim 'estimular investimentos'" (Mandel, 1980:339).

Em face do exposto, as análises da realidade não devem centrar o Estado como um principal elemento "autônomo" explicativo da ordem social, mas como uma construção social sujeita às determinações dos processos econômicos que ao longo da história do capitalismo têm constituído a sua ossatura (do Estado) em termos de seu papel integrador e de seus mecanismos de redistribuição social.

Nessa perspectiva, a cada ciclo econômico do capitalismo ou, como quer Mandel, a cada "onda longa expansiva" ou "onda longa recessiva", há requisições do capital e demandas do trabalho ao Estado que lhe conferem alterações, resultando, como já sinalizei antes, em Estados reformados para cada etapa do capitalismo.

A partir do exposto, retorno aqui à questão dos fatores extra-econômicos utilizados pelos governos neoliberais nas suas investidas para implantar o seu Estado Mínimo. Na Introdução deste livro identifiquei três dos quatro fatores que considero entre aqueles com maior visibilidade. Neste momento, considerando a temática que estou abordando, situo o primeiro desses elementos, em termos de sua importância, qual seja, a *reforma do Estado na sua estrutura, composição e funcionalidade*, que corresponde à montagem da forma de Estado adequada aos princípios e metas do projeto neoliberal.

Comprovando tal estratégia, apresento as linhas gerais do documento "Plano Diretor da Reforma do Estado"[11] (1995:52-63), pinçando no mesmo os pontos afetos aos meus argumentos. No item "Objetivos da proposta de reforma do aparelho do Estado" há um pressuposto que destaquei porque encerra uma interessante contradição:

"Dada a crise do Estado e o irrealismo da proposta neoliberal do Estado mínimo, é necessário reconstruir o Estado, de forma que ele não apenas garanta a propriedade e os contratos, mas também exerça seu papel complementar ao mercado na coordenação da economia e na busca da redução das desigualdades sociais" (1995:55-56).

Nesse trecho, o documento nega a adoção da doutrina neoliberal, mas afirma um princípio da mesma, o da complementaridade do mercado pelo Estado "na coordenação da economia e na busca da redução das desigualdades sociais". Voltarei mais adiante aos objetivos do Plano, após situar os quatro setores definidos para o Estado nessa reforma:

1) *Núcleo Estratégico*. Corresponde ao governo, em sentido lato. É composto dos poderes Legislativo e Judiciário, do Ministério Público e do Poder Executivo (presidente da República, ministros e seus auxiliares, responsáveis pelo planejamento e formulação das políticas).

2) *Atividades Exclusivas*. É o setor em que são prestados serviços que só o Estado pode realizar. São os serviços ou agências com o poder de regulamentar, fiscalizar e fomentar. São exemplos: a cobrança e fiscalização de impostos, a polícia, a previdência social básica, a fiscalização do cumprimento de normas sanitárias, o serviço de desemprego, o subsídio à educação básica, o controle do meio ambiente etc.

3) *Serviços Não-Exclusivos*. Corresponde ao setor onde o Estado atua simultaneamente com outras organizações públicas não esta-

---

11. Editado pela Presidência da República e Câmara da Reforma do Estado em 1995 com o apoio do Ministério da Administração e Reforma do Estado (Mare).

tais e privadas. As instituições desse setor não possuem o poder de Estado. São exemplos desse setor: as universidades, os hospitais, os centros de pesquisa e os museus.

4) *Produção de Bens e Serviços para o Mercado*. É caracterizado pelas atividades econômicas voltadas para o lucro que ainda permanecem no aparelho do Estado como, por exemplo, as do setor de infra-estrutura. Presidência da República, (1995:52-53).

"Cada um destes quatro setores apresenta características peculiares, tanto no que se refere às suas prioridades, quanto aos princípios administrativos adotados" (1995:53), reza o documento. Naqueles que dizem respeito à atividade do Serviço Social que consta do item 3, a peculiaridade é "a qualidade e o custo dos serviços prestados aos cidadãos. O princípio correspondente é o da eficiência (...) logo, a administração deve ser necessariamente gerencial", e não a da administração pública burocrática que é a que rege o Estado atual (1995:54).

Retomando os "Objetivos", os que se definem para esses *Serviços Não-Exclusivos* são:

a) Transferir para o setor público não-estatal esses serviços, por meio de um programa de "publicização", transformando as atuais fundações públicas em organizações sociais, ou seja, em entidades de direito privado, sem fins lucrativos, que tenham autorização específica do Poder Legislativo para celebrar contrato de gestão com o Poder Executivo e assim ter direito à dotação orçamentária.

b) Lograr, assim, uma maior autonomia e, conseqüentemente, maior responsabilidade para os dirigentes desses serviços.

c) Lograr adicionalmente um controle social direto desses serviços por parte da sociedade por intermédio dos seus conselhos de administração...

d) Lograr, finalmente, uma maior parceria entre o Estado, que continuará a financiar a instituição, a própria organização social e a sociedade a que serve e que deverá também participar minoritariamente de seus serviços via compra de serviços e doações.

e) Aumentar, assim, a eficiência e a qualidade dos serviços, atendendo melhor o cidadão-cliente a um custo menor (1995:58-59).

Em síntese, tais *serviços não-exclusivos* caracterizam-se como *públicos não-estatais*, e sob a administração gerencial.

No capítulo sobre as *emendas da administração pública*, evidenciam-se as decisões de flexibilização das relações de trabalho dos servidores públicos (1995:62-63):

a) o fim da obrigatoriedade do regime jurídico único, permitindo-se a volta da contratação de servidores coletistas;

b) a flexibilização da estabilidade dos servidores estatutários;

c) limitação rígida dos proventos da aposentadoria e das pensões ao valor equivalente percebido na ativa;

d) possibilidade de se colocar servidores em disponibilidade com remuneração proporcional ao tempo de serviço como alternativa à exoneração por excesso de quadros;

e) elimina a isonomia como direito subjetivo...

Como vimos, o projeto de Reforma do Estado atende ao pressuposto de constituição de um novo Estado para a era neoliberal. As análises que vêm sendo realizadas por entidades da sociedade civil reconhecem que o Estado brasileiro está atingido por uma crise fiscal de grande monta, no entanto as razões para essa crise não advêm do superdimensionamento do Estado, como quer a explicação neoliberal, mas são decorrentes de outros fatores de amplo conhecimento oficial, como renúncia fiscal, a sonegação sistemática de tributos, a corrupção generalizada que desvia parte dos fundos públicos. O que a criação de organizações sociais intenciona é abrir "novos mercados privados em setores que atualmente desenvolvem funções sociais e de responsabilidade do Estado" (Muniz et alii, 1996:26-27).

Daí que a falência do Estado, vista sob a ótica desses fatores arrolados anteriormente, pode ser uma falácia; talvez a questão não seja ausência de recursos, mas sim a destinação dos mesmos. Portanto, a desobrigação do Estado pela via da alteração de sua estrutura institucional nada mais representa do que adequar a forma aos objetivos e metas dos ajustes dos países periféricos ao figurino determinado pelo Consenso de Washington, que impôs a desobrigação social ao Estado ao definir as bases de mudança da seguridade social, da qual decorre a privatização crescente dos setores prestadores de serviços de saúde e previdência, deixando a assistência por conta da benemerência da sociedade civil.

Na verdade, a reforma do Estado definida pelo governo Fernando Henrique Cardoso representa uma despolitização da política, algo como reduzir o Estado a aparelho de Estado, como se a reforma do Estado dependesse de uma vontade burocrática e não implicasse mediações políticas no campo das relações institucionais e organizativas no interior do Estado e da sociedade civil.

O que se percebe também nesse projeto é uma indefinição sobre os múltiplos agentes envolvidos num processo de mudança dessa envergadura ou até mesmo a negação de sua existência. Ao contrário, o que se deve propor de início, num processo complexo como esse, é a constituição de mecanismos de negociação não só pela via congressual, mas envolvendo setores representativos da sociedade civil.

Outro aspecto que merece correção é o papel destinado à sociedade civil como parceira do Estado. A aparência de uma aproximação com a sociedade[12] (que poderia até ser algo positivo) apregoada pelo Plano incide numa perspectiva de diminuição de sua autonomia, atribuindo-lhe o papel de substituidora das funções que são de responsabilidade do Estado.

---

12. Consultar Rosanvallon (1984), em particular, a terceira parte, e Boaventura (1996), especialmente o capítulo 5 da segunda parte e os capítulos 9 e 10 da terceira parte. Estes autores apresentam uma interessante possibilidade de interlocução com a tradição marxista porque enfatizam elementos, sob a ótica sociológica e política, para acrescer às analises econômicas do *Welfare State*, além de indicarem caminhos de construção de soluções substituidoras desse padrão de Estado de Bem-Estar em processo de mudança. Estou certa de que esse debate é fecundo, porque não resta dúvida que um Estado alternativo ao do neoliberalismo é algo a ser construído a partir de amplo confronto de idéias de todos os matizes teórico-políticos que se contrapõem ao projeto neoliberal.

Capítulo III

O SERVIÇO SOCIAL DO RIO DE JANEIRO NA CRISE DO ESTADO BRASILEIRO E EM FACE DO PROJETO NEOLIBERAL

Neste último capítulo, pretendo evidenciar estimativas (ou indicações) da crise do Serviço Social na década de 90, resultantes da reestruturação produtiva e da implantação do neoliberalismo no estado do Rio de Janeiro, no tocante a essa profissão, ao mesmo tempo que aponto algumas possibilidades de redimensionamento da mesma, cuja pertinência já foi por mim justificada ao final da Introdução deste trabalho.

Nessa perspectiva, o conteúdo deste capítulo revela-se com um grau acentuado de análises de dados empíricos da realidade do Serviço Social no Rio de Janeiro, centrando-se em resultados da pesquisa interinstitucional "O Serviço Social no Estado do Rio de Janeiro hoje — tendências do mercado de trabalho público e privado e a função social da profissão", cuja origem já expliquei na Apresentação deste estudo.

Ressalvo que esses dados serão aqui utilizados como demonstração de que a atual conjuntura aponta para um redimensionamento de algumas profissões; redimensionamento este produto de uma crise no perfil e no significado social dessas profissões, aspectos os quais em processo de mudança em resposta às novas necessidades sociais que estão gerando novas demandas. Nesse solo analítico é que constituí uma hipótese de estudo específica para o Serviço Social, já anunciada na Introdução deste trabalho: **A crise da materialidade do Serviço Social vinculada ao setor público estatal pode estar implicando um redimensionamento da profissão com indicações de redução de sua institucionalização estatal, sobretudo nas esferas federal e estadual e com perspectivas de fragmentação na absorção de assistentes sociais e de maior precarização das condições de trabalho nesse mercado de trabalho.**

É certo que

> "os múltiplos processos que envolvem a reestruturação produtiva, relativos às alterações no âmbito do capital, no mundo do trabalho e nas relações sociais advindas destas alterações, por si só, determinam modificações na estrutura das profissões, e conseqüentemente, alteram seu significado social e, portanto, a sua função social" (Serra, 1998:18).

Logo, o conjunto de transformações no mundo do trabalho e o redesenho do Estado estão provocando alterações substantivas nos mercados de trabalho de diferentes profissões, reformulando seu significado e utilidade social e criando novas demandas ou atualizando as suas demandas tradicionais. No entanto, desde logo é importante ressaltar que, considerando as determinações dessa crise que embasam a primeira e segunda hipóteses formuladas no meu trabalho, esse redimensionamento com tais características está condicionado ao aprofundamento da implantação do projeto neoliberal no país, ou seja, se os governos executores desse projeto conseguirem fincar as suas bases e implantar efetivamente um Estado Mínimo nacional com seus sucedâneos nas esferas estadual e municipal.

Para o trato dessa hipótese específica do Serviço Social definiu-se como exigência a caracterização da pesquisa que é a base de referência dos resultados empíricos numa realidade particular: o Estado do Rio de Janeiro, a serem aqui apresentados visando propiciar uma compreensão mais próxima e direta das análises dos dados empíricos, que serão aqui feitas no tocante à lógica das bases de construção da pesquisa e à abrangência de seus elementos constitutivos.

Situarei, neste momento, portanto, especificamente a primeira pesquisa do III Módulo — "O Serviço Social e os seus empregadores: o mercado de trabalho nos órgãos públicos, empresas e entidades sem fins lucrativos no Estado do Rio de Janeiro", nos seus procedimentos metodológicos, tendo em vista referenciar as análises que serão empreendidas mais adiante relativas à inserção da profissão no mercado de trabalho do Rio de Janeiro, destacando-se dois itens nessa abordagem: *o universo de investigação* e as *variáveis* recortadas para análise dos dados empíricos colhidos.

O universo de investigação definiu-se pela constituição de unidades de trabalho, a partir da estratificação dos empregadores — detectados pelo primeiro módulo da pesquisa "Cadastro de referência" — em grupos ocupacionais homogêneos pela sua natureza jurídica (público e privado) e de acordo com a inserção institucional do Serviço Social. Nessa perspectiva, uma única instituição poderia ter mais de uma unidade de trabalho.

Identificaram-se como empregadores os órgãos do aparato formal do Estado, as instituições do setor produtivo (empresas privadas e estatais), as fundações privadas, as entidades sem fins lucrativos: entidades filantrópicas, organizações não-governamentais e outras (religiosas, patronais, de categorias profissionais, desportivas e de ensino superior privadas).

Com essa divisão, os empregadores foram alocados em setores e localidades segundo o modelo de amostragem estratificada, cuja variável de estratificação era o número de assistentes sociais lá encontrados. Em síntese, os empregadores foram distribuídos em estratos conforme localidades (bairros/distritos) e número de assistentes sociais; configurando um total de 136 instituições que englobam 978 assistentes sociais, conforme os quadros[1] (Serra, 1998:22-23).

---

1. Optei por apresentar esses quadros para demonstrar a estratificação da amostra dos 136 empregadores, ressaltando que as análises serão circunscritas ao setor público, em razão do meu objeto de estudo.

Setores	População	Amostra	Censo	Total
Órgão público federal	169	30	6	36
Órgão público estadual	168	16	3	19
Órgão público municipal	268	11	3	14
Empresa estatal	76	17	3	20
Empresa privada	219	10	1	11
Fundação privada	19	10	—	10
Entidade filantrópica	131	12	—	12
Organização não-governamental	6	—	5	5
Outras (entidades religiosas, entidades de categorias profissionais, entidade desportiva e instituições de ensino superior privadas[2])	63	—	9	9
Total	1119	106	30	136

A situação das instituições selecionadas, quanto ao número absoluto de assistentes sociais, apresenta o seguinte cenário:

Setores	Número de unidades de trabalho	Número de assistentes sociais
Público (órgãos públicos e empresas estatais nas três esferas)	89	870
Privado (empresas e entidades sem fins lucrativos)	47	108
Total	136	978

---

2. Não foram consideradas as universidades que tinham apenas docentes do Serviço Social, mas aquelas onde existem também assistentes sociais trabalhando como técnicos.

Tipos de empregadores	Número de unidades de trabalho	Número de assistentes sociais
Órgão público federal	36	327
Órgão público estadual	19	321
Órgão público municipal	14	110
Empresa estatal	20	112
Empresa privada	11	15
Fundação privada	10	14
Entidade filantrópica	12	29
Organizações não-governamentais	5	18
Outras instituições sem fins lucrativos	9	32
Total	136	978

Quanto à sua distribuição por município e ao tipo de unidade de trabalho, tiveram a seguinte composição (Serra, 1998:23):

Localidades	Número de unidades de trabalho
Município do Rio de Janeiro	106
Baixada Fluminense (*Duque de Caxias, Nova Iguaçu, São João de Meriti*)	6
Niterói e São Gonçalo	11
Região Norte fluminense (*Campos, Macaé*)	7
Região Litoral Sul (*Araruama, Cabo Frio*)	2
Região Centro-Sul fluminense (*Resende, Vassouras*)	2
Região Vale do Paraíba (*Volta Redonda*)	1
Litoral Sul fluminense (*Angra dos Reis*)	1
Total	136

As variáveis recortadas para análise foram as seguintes:

1. contextualização e caracterização do empregador e do Serviço Social na instituição (relação empregador/Serviço Social);
2. condições de inserção do Serviço Social no mercado de trabalho;
3. valorização do mercado;
4. condições de trabalho;
5. valorização institucional;
6. demandas à profissão.

O fio condutor para análise desses itens centra-se no processo de reordenamento do capital e do mundo do trabalho em termos de suas repercussões na estrutura e dinâmica do trabalho dos assistentes sociais no Rio de Janeiro.

As estratégias do capital para o enfrentamento da crise capitalista atual redundam em formas de flexibilização que implicam alterações nos tipos de contratos de trabalho, no enxugamento de postos de trabalho e na alteração das funções profissionais, impondo-se, também, os institutos de polivalência e da multifuncionalidade nos processos de trabalho do Serviço Social. No terreno do setor público estatal

> "operacionaliza-se o desmonte deste aparato institucional público, viabilizando seu sucateamento, consolidando a política de privatização, descentralização e focalização das práticas institucionais, em consonância com a proposta que se relaciona à reforma administrativa do Estado brasileiro" (Serra, 1998:31).

Nessa perspectiva de abordagem é que essas categorias de análise foram construídas, a partir das indicações empíricas da realidade determinadora das alterações do mundo do trabalho, demarcadas obedecendo à lógica das expressões particulares que se estão desenhando, fruto das repercussões dessa nova ordem econômica em processo de implantação e das mudanças em curso no aparelho estatal sob a direção neoliberal.

Tendo como base essas categorias e itens de análise constitutivos dessa pesquisa, construí uma lógica particular de tratamento dos seus resultados para atender às exigências de abordagem do objeto de meu estudo.

Assim, o percurso da análise, a seguir, compreende quatro categorias para o tratamento dos dados, centrando a abordagem no setor público estatal, base deste livro. A primeira são os *gastos sociais* no estado do Rio de Janeiro na década de 90 e de alguns indicadores do Serviço Social no estado. A segunda é a *inserção institucional* da profissão contendo alguns itens mais significativos. A terceira categoria é o *redimensionamento profissional*, sob dois enfoques: o das demandas sociais e o da capacitação profissional. A quarta é a *função/utilidade social da profissão* hoje em relação às possibilidades de redimensionamento da profissão.

3.1. A Categoria "Gastos Sociais" no Rio de Janeiro e "Dados Secundários Sobre a Profissão" no Estado

A primeira categoria — gastos sociais no Estado do Rio de Janeiro — tem como alvo a década de 90. Isto em razão de este terceiro capítulo tratar mais diretamente das *expressões* da crise da profissão e ser nos anos 90 que se dá uma maior concretude do rebatimento na profissão, seja dos efeitos de retração das políticas sociais, seja também daqueles oriundos da reestruturação produtiva reproduzidos nas instituições estatais.

Já as décadas de 70 e 80 são o período de constituição e de instalação da crise capitalista, respectivamente, cujos determinantes foram indicados e analisados nas partes anteriores deste trabalho.

Logo, para a demonstração e confirmação da terceira hipótese aqui em estudo, os anos 90 reúnem os dados empíricos que evidenciam as expressões dessa crise, no âmbito do Estado e, conseqüentemente, do Serviço Social.

Não tive acesso ao detalhamento das rubricas para analisar os gastos no tocante à discriminação das despesas com os serviços sociais, especificamente. O que verifiquei no material consultado foi a extinção de secretarias no governo atual e as funções por elas realizadas acopladas a outras. Isto aconteceu, por exemplo, com a Secretaria de Saúde, que incorporou as competências que eram da Secretaria Extraordinária de Projetos de Integração Social, extinta em 1º.1.1995, o mesmo ocorrendo com as atividades da Secretaria Extraordinária de Programas Especiais, incorporadas pela pasta de Educação. Tal situação modifica o significado dos gastos nessas secretarias, ou seja, o volume de aumento das despesas precisa ser relativizado por conta da natureza das despesas.

De todo modo, as despesas tomadas isoladamente, conforme fica exposto, apresentam limites para que identifiquemos o tratamento efetivo dado pelos governos às políticas sociais; portanto, aqueles elementos extra-econômico-financeiros já referidos na Introdução e no Capítulo II, são, de fato, exigências para o procedimento adequado dessa análise.

Isto posto, apresentarei o Quadro 1, com os gastos sociais por Secretaria, por meio dos percentuais em relação ao gasto total do Poder Executivo do estado do Rio de Janeiro de 1990 a 1996,[3] abarcando o final do governo Moreira Franco do PMDB (1990), o período de Leonel Brizola do PDT (1991-1994) e a metade da gestão de Marcelo Alencar do PSDB (1995-1996).

QUADRO 1
Gastos sociais do Estado do Rio de Janeiro — 1990/1996

Secretarias de Estado	Governo Moreira Franco (PMDB)	Governo Leonel Brizola (PDT)				Governo Marcelo Alencar (PSDB)	
	1990	1991	1992	1993	1994	1995	1996
Educação	10,5	13,2	11	10,4	8,8	14,5	13,5
Saúde	7,8	3,6	3,3	3,3	3,4	2,2	1,8
Trabalho e Ação Social	1,48	0,063	0,034	0,81	0,18	0,11	0,92
Habitação e Assuntos Fundiários	0,084	0,74	0,032	0,081	0,043	0,031	0,49

Fonte: Anuário Estatístico do Rio de Janeiro e Tribunal de Contas do Estado.

---

3. Os dados de 1990 a 1995 estão publicados no Anuário Estatístico do Rio de Janeiro com fonte da Secretaria da Fazenda e Fundação Centro de Informações e Dados do Rio de Janeiro (Cide). Os dados de 1996 não foram publicados ainda, e constam no Relatório do Tribunal de Contas, obtidos junto ao Cide. Os gastos aqui expostos são por Secretaria de Estado das áreas sociais.

Como vimos, apesar da retórica do PDT de defesa da Educação como política social prioritária, no seu governo, no período investigado, os gastos com essa política já começaram a diminuir, o mesmo ocorrendo com a área de Saúde, com uma queda brusca em 1991 em relação aos anos anteriores à sua gestão. Nas áreas de Trabalho e Ação Social e de Habitação e Assuntos Fundiários, a situação não foi diferente, com recursos muito insignificantes, não correspondendo ao esperado de um governo dito popular.

No governo neoliberal do PSDB, há um incremento de gastos na área de Educação em relação a 1994 que teve o menor índice da década até aqui (8,8%); no entanto, em 1996 esse montante começou a declinar. Na pasta de Saúde, a situação de intervenção do Estado através de gastos é progressivamente diminuída, chegando ao índice menor desses anos 90 em curso (1,84%). Aqui se verifica uma sincronia bem clara do nível de gastos com o grave quadro atual de calamidade no atendimento à saúde da população no Rio de Janeiro.

A pesquisa-referência deste meu estudo, na sua fase inicial, apontou (o que de resto a categoria já era sabedora) a grande concentração de assistentes sociais no estado trabalhando na área de Saúde, pelo menos até 1996, ano de finalização da coleta dos dados.[4] Tal situação da saúde no estado é algo preocupante para a profissão e merece um debate à parte, nesse particular, sobre estratégias de intervenção.

Em relação aos gastos com Trabalho e Ação Social, houve uma diminuição em 1995 e um aumento significativo em 1996, mas não pude apurar a natureza dos serviços sociais envolvidos nessa alteração. O mesmo raciocínio aplica-se às despesas da Secretaria de Habitação e Assuntos Fundiários; não foi possível identificar, por exemplo, se a mudança na denominação dessa pasta de "assentamentos humanos" para "assuntos fundiários" implica a mudança de política dos gastos dos governos anteriores.

---

4. O primeiro módulo (Cadastro de Referência) da Pesquisa Interinstitucional em tela colheu informações junto aos assistentes sociais cadastrados no Cress — 7ª região — quanto às suas áreas de inserção institucional, e o resultado apontou *Saúde* como a que apresenta a maior concentração, tanto no setor público (49%) como no privado (31%).

De todo modo, o que se demonstrou por esses dados é que a questão social nesses governos, como de praxe na história brasileira, é motivo de tratamento não prioritário enquanto peso orçamentário. Ou seja, a velha máxima do desenvolvimento social à mercê do crescimento econômico continua a vigir, modernizando-se apenas as intervenções estatais em cada fase do capitalismo.

Apresento, em seguida, o Quadro 2 sobre o Serviço Social no Estado do Rio de Janeiro[5] no tocante à *absorção* e *desligamento* de profissionais nos setores público e privado, no período de 1991 a 1996, em treze municípios do estado, inclusive o do Rio de Janeiro, segundo o Cadastro Geral de Empregados e Desempregados do Ministério do Trabalho.

QUADRO 2
Absorção e desligamentos de assistentes sociais no Estado do Rio de Janeiro — 1990/1996

Ano	Admitidos	Desligados
1990	323	350
1991	282	329
1992	171	171
1993	66	77
1994	60	57
1995	38	57
1996	19	14
Total	959	1055

Fonte: Cadastro Geral de Empregados e Desempregados do Ministério do Trabalho.

---

5. Estas informações foram colhidas em novembro de 1996, em Brasília, junto a órgãos federais, como dados secundários que pudessem completar e/ou confrontar com aqueles de natureza primária obtidos na referida pesquisa. Esses dados englobam também o setor privado (espaço que não faz parte do horizonte de minha análise), mas acredito ser importante utilizá-los como contraponto às informações específicas sobre o setor estatal.

Esses resultados evidenciam a rotatividade do emprego com a entrada e saída de profissionais, quase na mesma proporção, em todos esses anos da década de 90, com uma diferença pequena para mais no número de demitidos. Tal situação ilustra a redução na absorção de profissionais e na precariedade no trabalho que as análises dos resultados da amostra da pesquisa interinstitucional demonstrarão mais adiante.

Para ilustrar, com mais ênfase, a situação de redução na alocação de mão-de-obra do Serviço Social no Rio de Janeiro em nível federal, apresento o Quadro 3 com os dados referentes a esse indicador nesse âmbito, colhidos junto ao Sistema Integrado de Administração de Recursos Humanos (Siape) de Brasília, com o quantitativo de postos de trabalho ocupados e desocupados, em setembro de 1996.

QUADRO 3
Postos de trabalho em nível federal no Estado do Rio de Janeiro — 1996

Ministérios e ex-LBA	Ocupados	Vagos	Total
Educação	142	71	213
Saúde	93	4020	4113
Trabalho	—	50	50
Transporte	4	15	19
Fazenda	33	36	69
Justiça	—	1	1
Aeronáutica	15	42	57
Marinha	10	174	184
Previdência	177	1659	1836
Ex-LBA	—	444	444
Total	474	6512	6986

Fonte: Sistema Integrado de Administração de Recursos Humanos (Siape) — Brasília.

Por esses dados,[6] pode-se facilmente inferir que, na prática, a Reforma do Estado já está sendo operada há algum tempo. No que se reporta à alocação de força de trabalho nas áreas sociais, a defasagem entre profissionais contratados e a disponibilidade de vagas demonstra bem essa estratégia no sentido de preparar as bases para a retirada dessa atividade Serviço Social do aparelho do Estado (no caso, o Rio de Janeiro) e transferi-la para as futuras *Organizações Sociais*, conforme reza o Plano Diretor de Reforma do Aparelho do Estado, já analisado no capítulo anterior.

De outro prisma, leia-se que o número de vagas não preenchidas num montante impressionante de 6512 resultou, sem dúvida, de um processo que envolveu análises técnicas e a aprovação de escalões superiores que ratificaram, em algum momento do passado (não pude apurar em que governo), a importância do assistente social como profissional a ser inserido nas múltiplas instituições desses ministérios.

3.2. A Categoria "Inserção Institucional da Profissão"

No que concerne à *inserção institucional da profissão*, a segunda categoria de análise, penso que qualquer análise que se pretenda efetuar nesse âmbito deverá estar revestida do pressuposto das incertezas que se manifestam no tempo presente.

As alterações que se estão pondo na estrutura econômica e no redesenho do Estado não fornecem, ainda, substantividade na sua conformação; é um processo longo de implantação, contraditório e complexo. Os seus resultantes em termos de suas múltiplas feições não oferecem, de imediato, muita visibilidade.

Daí os processos sociais que ocorrem no bojo desse processo maior de mudança também estarem comprometidos com essa indefinição da presente conjuntura. Logo, as práticas sociais e as di-

---

6. Apresentei essa relação discriminada por Ministério e da ex-LBA para evidenciar os postos de trabalho de assistentes sociais em cada área de atuação: informação que guarda importância particular para a profissão no sentido de verificar onde estava prevista maior ou menor absorção de profissionais e o que ocorreu efetivamente, comparando-se com a história do Serviço Social nessas áreas no setor estatal federal.

versas práticas profissionais, em particular, estão sendo atingidas por essas alterações de maneira ainda confusa, não oferecendo referências precisas dos contornos e dos rebatimentos das causas gerais na sua efetividade particular.

Portanto, o eixo "invisível", mas nem por isso menos importante das minhas análises, tem o pressuposto da possibilidade, da indicação e da dúvida, ainda que revestidas das bases científicas da pesquisa, em termos de estimativas generalizáveis na apreensão e análise dos dados da empiria social.

Amparada nesse aparente paradoxo e com pretensão de prevenção analítica, penso que alguns itens devem ser considerados como peças importantes para empreender a trajetória desse olhar filtrador da situação da profissão hoje no Rio de Janeiro. Assim, considero que *postos de trabalho/vínculo empregatício, condições de trabalho, valorização salarial, atribuições à profissão e valorização institucional* compõem o elenco mais evidente e de maior captação e, portanto, mais pertinente para efetuar algumas conclusões provisórias acerca da profissão no momento atual.

O que quero evidenciar nesse recorte analítico é que o desenvolvimento de uma profissão resulta da (re)valorização da sua função social, cuja utilidade é perpassada, necessariamente, pela *criação de novos postos de trabalho, pela constituição de novas atribuições diante das novas demandas sociais (resultantes de novas necessidades so-ciais) e por uma valorização salarial compatível com uma atividade de nível superior.*

Esses componentes — não é demais reforçar — são expressões das determinações históricas que incidem sobre a *função social/utilidade da profissão* como produto do duplo movimento: dos processos sociais da realidade social e das interferências da categoria profissional nessa realidade, sob o crivo de determinada direção ético-política.

3.2.1. Postos de Trabalho e Vínculo Empregatício

Com a perspectiva de abordagem acima mencionada, *postos de trabalho e vínculo empregatício* serão aqui evidenciados por meio de quatro tabelas. As duas primeiras relativas à variabilidade de absorção dos assistentes sociais no mercado de trabalho pela relação de ocorrência de contratações e de demissões. A terceira tabela refere-se a contratações por outros órgãos e a quarta a tipos de órgãos contratados para tais serviços (tal processo configura o início da implantação da estratégia do capital, a terceirização, no setor público estatal).

Para começar, é necessário explicar a origem das escalas dos anos de ocorrência da absorção de assistentes sociais definidas para a análise desse item. As informações sobre a contratação e a demissão dos assistentes sociais foram coletadas mediante o ano identificado pelos empregadores e agregados conforme a maior concentração, ou seja, o primeiro e o último ano dos intervalos dos gráficos representam o primeiro e o último ano em que surgem esses dados nas instituições investigadas. Nas instituições estatais, o ano inicial foi 1972 e o último, 1997. Este intervalo foi dividido em três recortes históricos de maior relevância, a saber: o período da ditadura militar, o da transição democrática e, por último, o referente à implantação mais efetiva do neoliberalismo. Os gráficos relativos à admissão e à demissão serão analisados em conjunto.

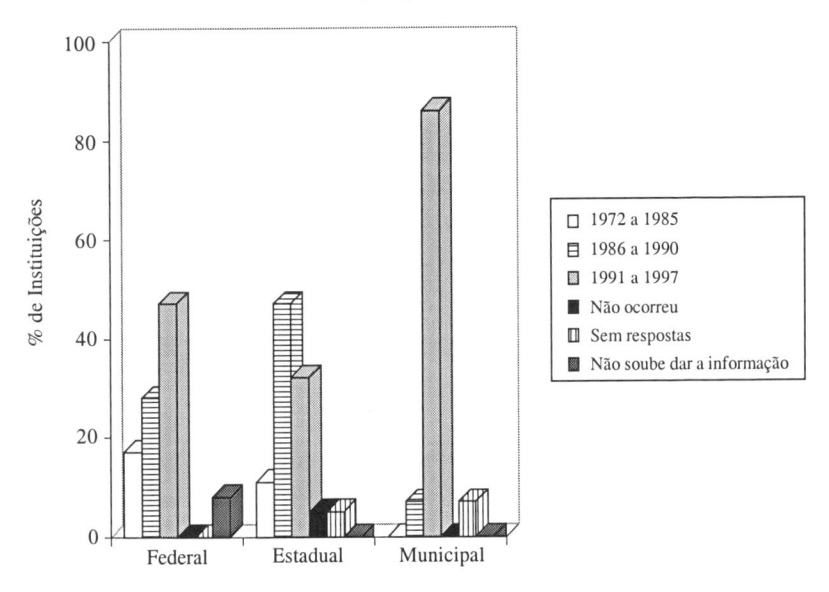

GRÁFICO 1
Distribuição amostral das instituições segundo o último ano de contratação —
órgãos públicos

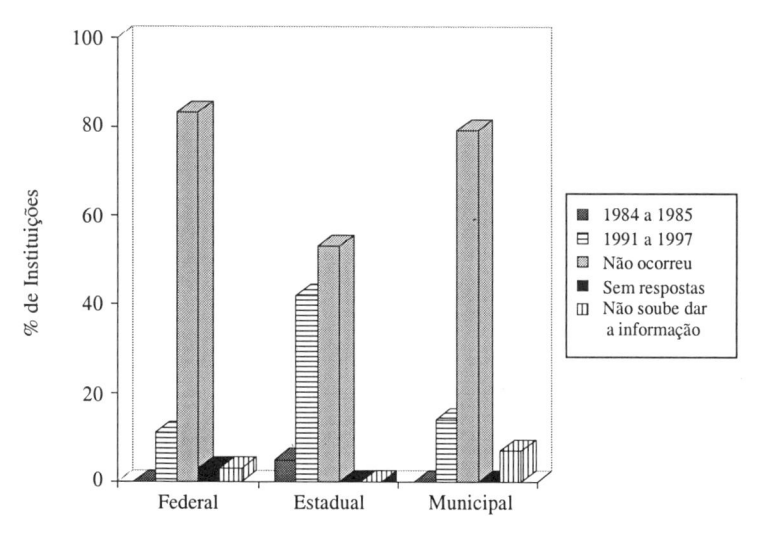

GRÁFICO 2
Distribuição amostral das instituições segundo o último ano de demissão — órgãos públicos

[Gráfico de barras com categorias Federal, Estadual, Municipal e legenda: 1984 a 1985; 1991 a 1997; Não ocorreu; Sem respostas; Não soube dar a informação]

Numa leitura apressada, pode-se ter a impressão que não houve alterações significativas quanto à absorção/demissão de assistentes sociais no período analisado. No entanto, verificam-se algumas ocorrências importantes ao fazer-se o cruzamento de dados entre os gráficos em relação a cada esfera administrativa. Na esfera federal, há um número marcante de contratações na época estudada, e as demissões começam a ocorrer no período de 1991 a 1997 em torno de 10%. No âmbito estadual, a absorção no período de 1986 a 1990 ainda é bastante expressiva, na fronteira de 50% de instituições nos anos 80, e em torno de 30% na década de 90. Contudo, as instituições que demitiram, nessa esfera, ultrapassaram a casa dos 40% nos anos 90 e já apresentavam dados preocupantes nos anos 1984-85, em torno de 40% de casos.

Na esfera municipal, o número de órgãos onde houve admissão é fenômeno em destaque no período de 1991 a 1997 com mais de 80%, com uma presença na mesma proporção de instituições sem demissões, revelando, nesse caso, uma coerência no confronto entre essas variáveis. No entanto, já aparece um índice de cerca de 10% de instituições onde ocorreram demissões.

Considero que, no caso dos municípios, está havendo uma absorção maior de assistentes sociais em razão da política de descentralização de órgãos públicos ou de outros fatores, como a criação de conselhos municipais que requerem a contratação de assistentes sociais no seu corpo técnico.

Contudo, essa situação aparentemente favorável revela, no decorrer das análises, que as contratações por si só não são uma expressão positiva da situação dos assistentes sociais, nesse particular. O Gráfico 3 e a Tabela 1 a seguir indicam a ocorrência do fenômeno da terceirização no setor estatal, revelando dados de flexibilização das relações de trabalho nesse âmbito, conforme reza a cartilha neoliberal estatal.

GRÁFICO 3
Distribuição amostral das instituições segundo a contratação por intermédio de outras instituições — órgãos públicos

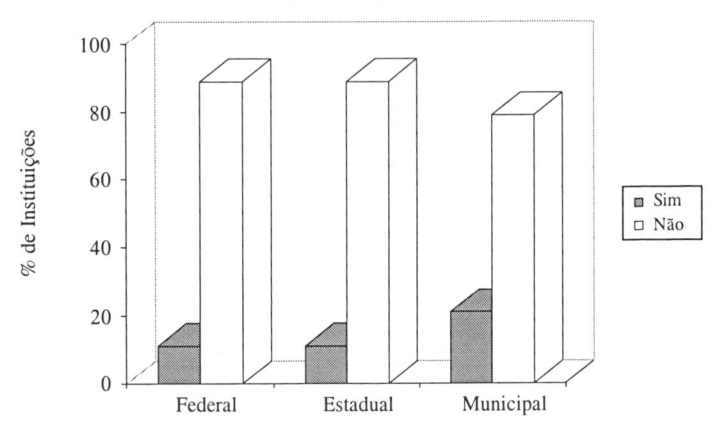

O Gráfico 3 aponta para a existência de contratações por intermédio de terceiros no interior dos órgãos públicos, o que merece particular atenção. A esfera municipal é a que aponta a existência de maior número de instituições que contratam assistentes sociais por meio de terceiros, numa proporção em torno de 20%. Contudo, no âmbito federal já ocorre tal iniciativa e também no estadual, ainda em proporção pequena, cerca de 10% de órgãos em cada uma delas.

Uma informação adicional indica que o Estado está incrementando a terceirização, em âmbito geral, conforme atestam os gastos orçamentários de 1996, com um aumento de 65,58% em relação a 1995 na rubrica Serviços de Terceiros e Encargos.[7]

Tabela 1
Distribuição amostral absoluta e relativa das instituições que contratam Assistentes Sociais por intermédio de outras instituições, segundo o tipo de contratação e a esfera administrativa — Estado do Rio de Janeiro — órgãos públicos nas três esferas administrativas

Tipo de Contratação	Federal		Estadual		Municipal	
	Abs.	%	Abs.	%	Abs.	%
Total	4	100	2	100	3	100
Cooperativa	—	—	2	100	—	—
Fundação	4	100	—	—	1	33
Organização não-governamental	—	—	—	—	—	—
Entidade filantrópica	—	—	—	—	—	—
Entidade filantrópica e Conselhos municipais (1)	—	—	—	—	1	33
Fundação, entidade filantrópica (1)	—	—	—	—	1	33

Nota: Sinal convencional utilizado: — Dado numérico igual a zero não resultante de arredondamento.

As diferenças entre soma de parcelas e respectivos totais percentuais são provenientes do critério de arredondamento

Erro máximo de estimativa encontrado por célula: 6%, 12% e 32%, para os órgãos públicos federal, estadual e municipal respectivamente.

O atributo único foi validado pelo modelo de amostragem, e a multiplicidade de categorização deve ser interpretada como "indicador".

(1) Indicador.

---

7. Segundo os dados publicados no Anuário Estatístico do Rio de Janeiro de 1995/1996.

A Tabela 1 indica o tipo de instituições que são contratadas para ofertar o trabalho do Serviço Social para órgãos públicos do Estado do Rio de Janeiro. Cooperativas, fundações, entidades filantrópicas e conselhos municipais são as instituições contratadas, na amostra pesquisada, para ofertar assistentes sociais.

Embora alguns desses dados revelem apenas indicações, portanto, sem sustentação científica para generalizações, considero que tal ocorrência é reveladora de uma condição de precarização na inserção desse profissional no mercado de trabalho.

Tal indicação corrobora as informações específicas relativas às condições de inserção no mercado da força de trabalho do Serviço Social, segundo indicadores que serão analisados de acordo com os dados que o Gráfico 4 apresenta a seguir, relativos à forma de vínculo nas instituições estatais.

GRÁFICO 4
Distribuição amostral das instituições segundo a forma de vínculo — órgãos públicos

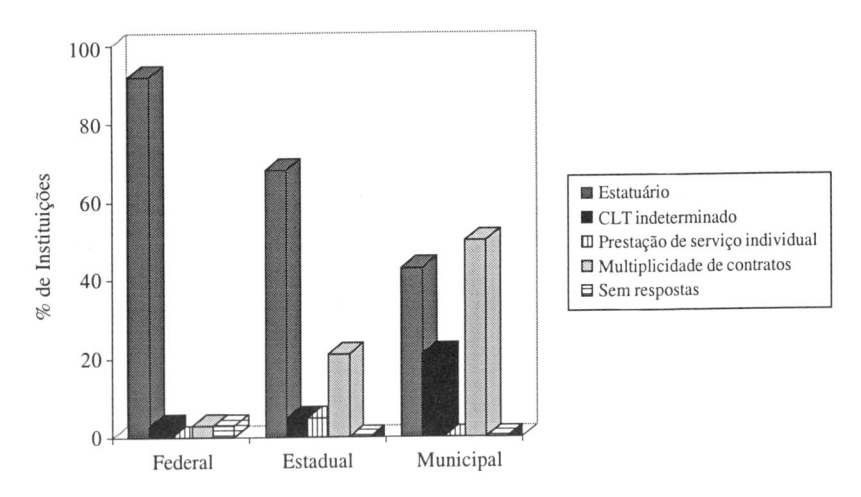

Conforme ficou demonstrado nas três esferas — federal, estadual e municipal —, a forma de vínculo "multiplicidade de contrato" apresenta-se com índices significativos na esfera municipal, com mais de 40%, e quase 20% de instituições na esfera estadual, que a utilizam, revelando que o instituto da estabilidade empregatícia no setor estatal começou a ser flexibilizado antes da quebra da estabilidade do servidor público, meta da reforma administrativa do governo de Fernando Henrique Cardoso, ainda não concluída, mas que já chegou naquelas esferas.

Também aparecem contratos CLT, ainda que por tempo indeterminado, na esfera municipal, com cerca de 20% de instituições que o utilizam, o que pode significar a não-ocorrência de concursos públicos que garantiriam a estabilidade desses profissionais. Contudo, na maioria das instituições da esfera federal ainda prevalece o vínculo empregatício estável, compatível com a natureza das mesmas. Nas duas outras esferas, a ocorrência desse vínculo diminui nas instituições da amostra e nos municípios aproxima-se bastante da multiplicidade de contratos.

Complementando essa análise de inserção do assistente social no mercado de trabalho, apresento alguns dados sobre concursos públicos no Estado do Rio de Janeiro, colhidos num levantamento realizado pelo Cress — 7ª região, relativo ao período de 1976 a 1996.[8]

Na esfera federal, nesses vinte anos, foram realizados apenas sete concursos. Na década de 90, consta no levantamento apenas a criação de 43 postos de trabalho.

No âmbito estadual, a situação foi melhor na década de 80, tendo ocorrido três concursos com mais de cem postos de trabalho, a maioria nas secretarias de Saúde do Estado e um na Corregedoria-Geral de Justiça, com setenta vagas. No período de 1990-94, houve seis concursos com 82 postos de trabalho.

Na esfera municipal, nos anos 80, houve um concurso com trinta vagas na área de Saúde. No período de 1990-95, foram realizados nove concursos com 91 vagas.

De 1994 a 1997, houve um total de 23 concursos em todo o Estado, entre eles, dezenove em prefeituras do Grande Rio e do interior. No entanto, em dezenove dessas instituições não ocorreram as contratações até o final de 1996, incluindo-se aí dezesseis prefeituras, ou seja, somente três contrataram os concursados. Por outro lado, é relevante apontar que em oito dessas dezesseis prefeituras o número de vagas era de apenas um assistente social.

---

8. Por força de determinação legal, os conselhos regionais das profissões têm a função de monitoramento dos concursos e seleções públicas; por isso, podem controlar a realização dessa atividade representando, em certa medida, uma proteção aos profissionais das várias áreas.

Fazendo-se um apanhado dessa ocorrência de concursos no setor público, o que se apreende, *grosso modo*, é que na esfera federal os concursos minguaram a partir dos anos 80. Na esfera estadual, houve uma significativa criação de postos, sendo que a concentração deu-se na área da justiça nas duas décadas, através, inclusive, da mesma instituição, em função basicamente do cumprimento do Estatuto da Criança e do Adolescente; a área de saúde absorveu o segundo contingente de postos e a Universidade do Estado do Rio de Janeiro, uma parte importante; os demais casos foram de pouca significação. Na esfera municipal, a absorção deu-se de maneira mais abrangente do ponto de vista de mais instituições e localidades atingidas, mas de forma fragmentada, com apenas um posto de trabalho ofertado pela ampla maioria das instituições e, como vimos, a grande maioria não havia contratado esses profissionais até final de 1996.[9]

Finalizando os enfoques de *postos de trabalho/vínculo empregatício*, é pertinente informar acerca da situação da totalidade dos assistentes sociais do Estado do Rio de Janeiro quanto à sua inserção no mercado de trabalho.[10] Segundo o que foi apurado pelos respondentes do questionário do Cress—7ª região em 1994/1995, a situação é a seguinte, conforme o Quadro 4 (Cadastro de Referência — I Módulo da Pesquisa Interinstitucional):

QUADRO 4
Assistentes sociais cadastrados no Cress—7ª Região (1994/1995)

Descrição	Quantidade	%
Não responderam ao questionário	7494	57,35
Responderam ao questionário	5574	42,65
Total	13068	100

9. A exemplo dos dados sobre *absorção* e *desligamento* de assistentes sociais do Ministério do Trabalho e dos postos de trabalho *ocupados* e *vagos*, em nível federal, por Ministério, apresentados nos quadros 2 e 3, essas informações sobre concursos públicos ilustram a situação de emprego do Serviço Social no Estado.

10. Este quadro faz parte do primeiro módulo da Pesquisa Interinstitucional que se constituiu, conforme já sinalizei neste trabalho, no *universo*-base da amostra dos 136 empregadores que compõem o terceiro módulo, cuja primeira parte (ou pesquisa) é a referência empírica de minha tese.

QUADRO 4.1
Assistentes sociais que responderam ao questionário

Descrição	Quantidade	%
Exercem a profissão	3015	54,09
Não exercem a profissão	2559	45,91
Total	5574	100

QUADRO 4.2
Assistentes sociais que exercem a profissão

Descrição	Quantidade	%
Exercem regularmente	2889	95,82
Exercem em desvio de função	121	4,01
Exercem como autônomo	5	0,17
Total	3015	100

QUADRO 4.3
Assistentes sociais que não exercem a profissão — Motivo

Descrição	Quantidade	%
Opção pessoal	191	7,46
Aposentadoria	338	13,21
Desemprego	322	12,58
Não conseguiu emprego	958	37,44
Exerce outra profissão	587	22,94
Não declarado	163	6,37
Total	2559	100

O que se comprovou é que o índice de desemprego no Serviço Social é muito alto entre as razões de não-exercício profissional. Se somarmos os índices relativos às variáveis "desemprego", "não conseguem emprego", têm-se 50,02% de profissionais não inseridos no mercado de trabalho. E, mais ainda, se adicionarmos a esse índice o relativo à variável "exerce outra profissão", o montante cresce para 72,96%.

Observa-se, a seguir, nos Quadros 5 e 5.1, a distribuição dos profissionais relativa aos setores público e privado e a segmentação do setor público.[11] Observou-se que os autônomos estão excluídos neste resultado.

QUADRO 5
Assistentes sociais empregados por setor

Descrição	Quantidade	%
Público	2320	77,08
Privado	690	22,92
Total	3010	100

QUADRO 5.1
Assistentes sociais — setor público

Descrição	Quantidade	%
Federal	801	34,53
Estadual	790	34,05
Municipal	729	31,42
Total	2320	100

---

11. Também aqui os dados são do Cadastro do Cress — 7ª região, o primeiro módulo da referida Pesquisa Interinstitucional. O meu objetivo continuou sendo o de demonstrar, também com esses dados gerais do Estado, a situação de inserção dos assistentes sociais no mercado de trabalho.

De fato, o peso do setor público estatal ainda é preponderante até 1996, ano de finalização da coleta de dados, ratificando com 77% de concentração de profissionais a história do Serviço Social. No entanto, com a aceleração do número de aposentadorias em 1996 e 1997, em face da insegurança acenada com as mudanças nas regras da reforma da previdência social, é bastante provável que tenha ocorrido uma significativa diminuição nesse quadro, uma vez que não houve praticamente reposição de postos de trabalho, como se verá mais adiante.

Arrematando as análises desse item, apresento a tabela que trata do ano de *criação/inserção* do Serviço Social nas três esferas administrativas do setor público, isto é, o ano em que as unidades de trabalho pesquisadas na amostra da pesquisa criaram esta atividade. Creio que esta informação sinaliza, de alguma forma, a importância dessa profissão enquanto um dos instrumentos para responder aos problemas sociais pelos governos nas três esferas, no Estado do Rio de Janeiro.

TABELA 2
Distribuição amostral absoluta e relativa das instituições, segundo o ano de criação/inserção do Serviço Social e a esfera administrativa — Estado do Rio de Janeiro — Órgãos Públicos nas três esferas administrativas — 1937-1994

Ano de Criação/Inserção	Federal		Estadual		Municipal	
	Abs.	%	Abs.	%	Abs.	%
Total	36	100	19	100	14	100
1937 a 1945	2	6	—	—	—	—
1946 a 1967	8	22	8	42	1	7
1968 a 1985	9	25	5	26	6	43
1986 a 1990	3	8	5	26	5	36
1991 a 1994	5	14	1	5	2	14
Não soube dar a informação	9	25	—	—	—	—

Nota: Sinal convencional utilizado: — Dado numérico igual a zero não resultante de arredondamento.
As diferenças entre soma de parcelas e respectivos totais percentuais são provenientes do critério de arredondamento.
Erro máximo de estimativa encontrado por célula: 12%, 25% e 32%, para os Órgãos Públicos Federal, Estadual e Municipal, respectivamente.

Na esfera federal, há uma diminuição significativa da criação do Serviço Social no período de 1986 a 1990 e um crescimento nos anos de 1991 a 1994 em relação ao período anterior, mas em níveis bem abaixo dos anos anteriores a 1986. Na esfera estadual, há uma equivalência entre os índices de criação do Serviço Social nos períodos de 1968 a 1985 e 1986 a 1990; no entanto, houve uma queda brusca no último período de 1991 a 1994, em relação ao penúltimo da amostra. No âmbito municipal, ocorreu uma diminuição entre o período de 1968 a 1985 e o de 1986 a 1990 e uma diminuição muito grande no último.

Os dados empíricos colhidos não propiciam um arco de análise mais abrangente sobre o significado dos mesmos no que tange à inserção da profissão no mercado de trabalho e as suas múltiplas significações. No entanto, o que se pode inferir desses dados são determinadas repercussões das políticas neoliberais, em fase de implantação no Brasil em alguns estados com governos adeptos dessa doutrina. Nesse sentido, a retração de postos de trabalho, por um lado, e a absorção fragmentada de assistentes sociais, por outro, também no setor estatal, representam a utilização de mecanismos de desmontagem das estruturas e programas institucionais para o trato das refrações da "questão social" no momento atual.

Não é objeto deste trabalho a análise das condições de inserção da profissão no âmbito empresarial e das entidades sem fins lucrativos,[12] condições que, segundo os dados da pesquisa, corroboram em muito o que se está identificando no setor público estatal. Em alguns ângulos dessa problemática, nesses dois outros setores de empregadores, a situação do profissional na atual conjuntura é ainda mais preocupante.

3.2.2. Condições de Trabalho

Abordarei, a partir daqui, as *condições de trabalho* evidenciando alguns indicadores que complementam as sinalizações anterior-

---

12. As análises sobre esses empregadores compõem o relatório final da pesquisa, base empírica de minha tese, que foi publicado pela UERJ em 1998, conforme exposto na Apresentação deste trabalho.

mente postas em pauta. De início, é pertinente recolocar a relação direta que há entre as alterações no mundo do trabalho advindas da reestruturação produtiva e as condições específicas do trabalho do assistente social no Rio de Janeiro, conforme destaca o Relatório da Pesquisa (Serra, 1998:84):

> "A institucionalização de um sistema de regulação que operacionalize a lógica de flexibilização vigente implica em produzir mecanismos que redefinam a utilização da força de trabalho e as condições em que ela será empregada também no setor de prestação de serviços, onde se aloca o assistente (...) a utilização dessa força de trabalho incorre na focalização e no redimensionamento de práticas institucionais para atividades úteis à lógica do mercado de bens e serviços".

Aqui, serão identificadas as variáveis *carga horária semanal, sistema de trabalho e alterações institucionais* nas solicitações, nas atividades do Serviço Social e nos recursos destinados às suas atividades, relacionando essas variáveis ao número de assistentes sociais alocados.

O primeiro gráfico sobre a *carga horária semanal* (Gráfico 5) nos órgãos públicos identifica como elemento de destaque a variabilidade de carga horária nas esferas estadual e municipal, sendo que esta última apresenta uma situação mais precária, com a preponderância de jornada de vinte horas, representando uma compressão de tempo de trabalho, tônica da reestruturação produtiva que está atingindo também o setor estatal.

Quando são cruzadas as variáveis *tipo de vínculo* com *carga horária*, visualizado na Tabela 3 (pág. 143), o componente flexibilização nas condições de trabalho fica mais acentuado, criando-se múltiplas condições de inserção profissional, ao mesmo tempo que para a mesma carga horária existem diferentes relações contratuais. Tal situação provoca inúmeras conseqüências, como o aumento de competitividade entre os profissionais, a impossibilidade de aperfeiçoamento profissional com cargas menores de trabalho, por conta da necessidade de vários empregos para a composição de um nível salarial mínimo, além do desgaste físico e emocional. Na perspectiva sindical, tal situação dificulta a unificação de pautas de luta para a categoria.[13]

---

13. Consultar a respeito, notadamente, Antunes (1995), Harvey (1992, II Parte) e Pochmann, in Oliveira & Mattoso (orgs.) (1996).

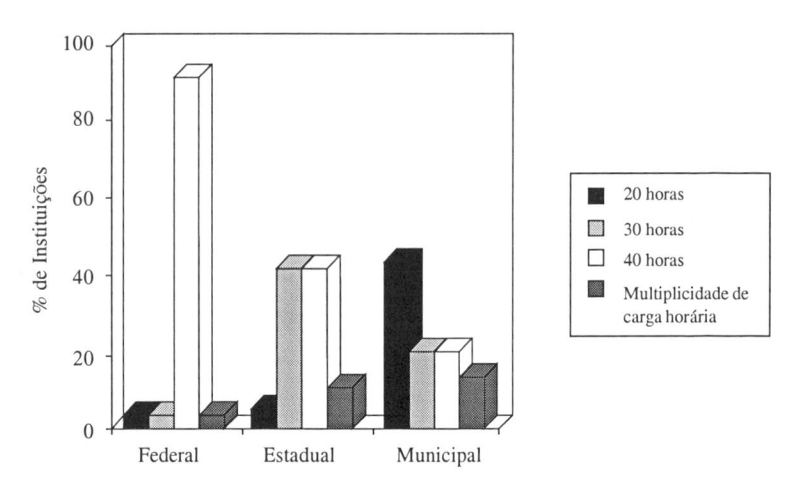

GRÁFICO 5
Distribuição amostral das instituições segundo a carga horária semanal
dos assistentes sociais — órgãos públicos

As variáveis analisadas a seguir, trabalhadas na pesquisa de forma interligada, evidenciam, mais concretamente, as condições de trabalho do assistente social hoje no Estado do Rio de Janeiro no setor público, a saber: *solicitações por ações do Serviço Social na instituição; alterações nas atividades do Serviço Social; alterações nos recursos gastos pelo Serviço Social nas instituições e alterações no número de assistentes sociais.* Os anos 1990-1996 foram definidos como referência para análise no sentido de avaliar-se a implantação do neoliberalismo no setor público no Estado do Rio de Janeiro.

Os Gráficos 6 e 6a (pág. 144) evidenciam o aumento de solicitações e das atividades do Serviço Social nas três esferas administrativas.

Não há informações na pesquisa sobre as razões dos aumentos de solicitações. Pode-se indagar: terão sido pelas necessidades sociais advindas das novas refrações da "questão social"?

O aumento das atividades provavelmente corresponde ao crescimento das solicitações ao Serviço Social conforme os dados evidenciam.

O Gráfico 6b (pág. 145) trata do volume de recursos gastos pelo Serviço Social.

TABELA 3

Distribuição amostral absoluta relativa das instituições, segundo o tipo de vínculo, carga horária semanal e a esfera administrativa — Estado do Rio de Janeiro — órgãos públicos nas três esferas administrativas

Tipo de Vínculo	20 horas		30 horas		40 horas		20 e 30 horas (1)		30 e 40 horas (1)		40 e 24 horas (1)		20,30 e 40 horas (1)		Total	
	Abs.	%	Abs.	%	Abs.	%	Abs.	%	Abs.	%	Abs.	%	Abs.	%	Abs.	%
FEDERAL																
Concurso público	1	3	1	3	32	91	—	—	1	3	—	—	—	—	35	100
CLT indeterminado	—	—	—	—	1	100	—	—	—	—	—	—	—	—	1	100
Contrato através de fundações	—	—	1	100	—	—	—	—	—	—	—	—	—	—	1	100
Contrato através de outros tipos de instituições	—	—	—	—	1	100	—	—	—	—	—	—	—	—	1	100
ESTADUAL																
Concurso público	1	6	7	44	5	31	—	—	1	6	1	6	1	6	16	100
CLT indeterminado	—	—	1	50	1	50	—	—	—	—	—	—	—	—	2	100
Prestação de serviço individual	—	—	—	—	2	100	—	—	—	—	—	—	—	—	2	100
Contrato através de fundações	—	—	—	—	1	100	—	—	—	—	—	—	—	—	1	100
Contrato através de outros tipos de instituições	—	—	—	—	1	100	—	—	—	—	—	—	—	—	1	100
MUNICIPAL																
Concurso público	4	40	3	30	2	20	1	10	—	—	—	—	—	—	10	100
CLT determinado	2	100	—	—	—	—	—	—	—	—	—	—	—	—	2	100
CLT indeterminado	4	80	—	—	1	20	—	—	—	—	—	—	—	—	5	100
Contrato através de fundações de outros	1	100	—	—	—	—	—	—	—	—	—	—	—	—	1	100
Contrato através de outros tipos de instituições	1	50	—	—	1	50	—	—	—	—	—	—	—	—	2	100

Nota: Sinal convencional utilizado: — Dado numérico igual a zero não resultante de arredondamento.
As diferenças entre soma de parcelas e respectivos totais percentuais são provenientes do critério de arredondamento.
Erro máximo de estimativa encontrado por célula: 25%, 25% e 32%, para os Órgãos Públicos Federal, Estadual e Municipal respectivamente.
O atributo único foi validado pelo modelo de amostragem, e a multiplicidade de categorização deve ser interpretada como "indicador".
(1) Indicador.

GRÁFICO 6
Distribuição amostral das instituições segundo alteração nas solicitações por ações do Serviço Social a partir de 1990 — Órgãos Públicos

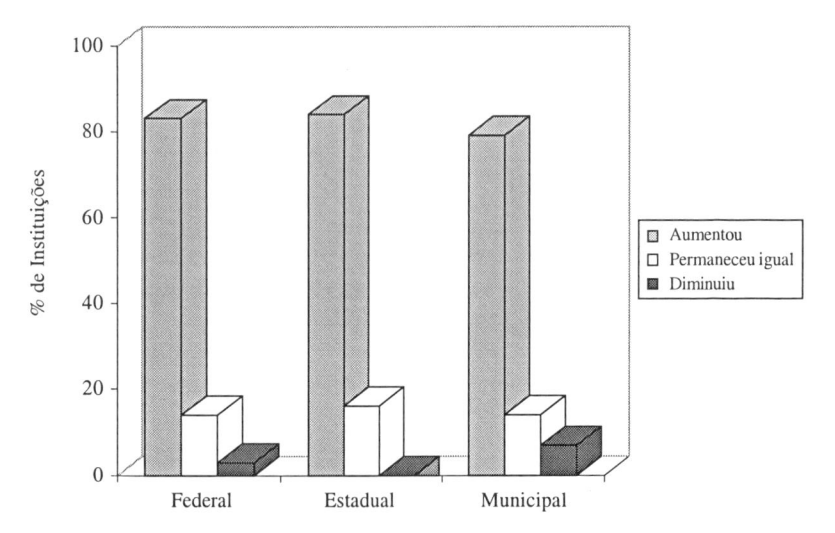

GRÁFICO 6a
Distribuição amostral das instituições segundo a alteração nas atividades do Serviço Social a partir de 1990 — Órgãos Públicos

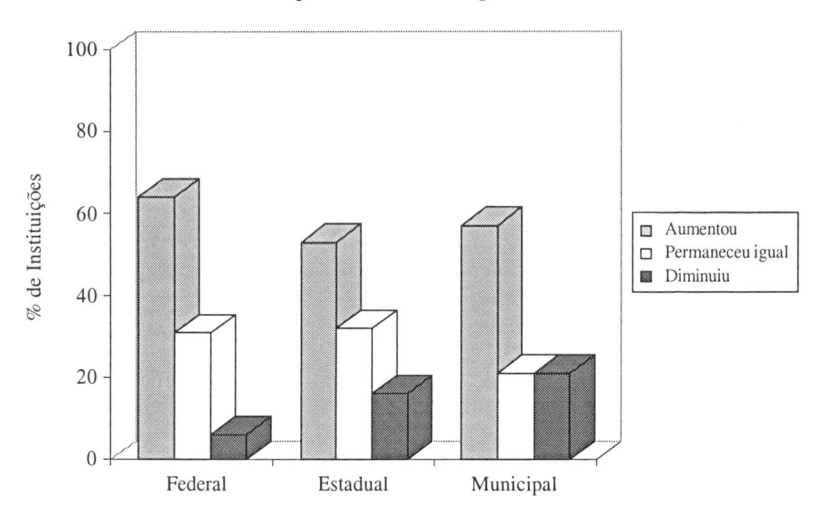

GRÁFICO 6b
Distribuição amostral das instituições segundo a alteração no volume de recursos gastos pelo Serviço Social a partir de 1990 — Órgãos Públicos

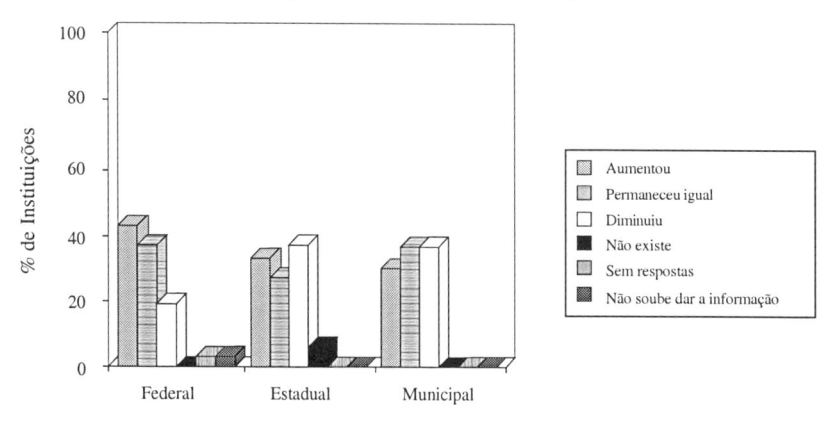

Legenda: Aumentou, Permaneceu igual, Diminuiu, Não existe, Sem respostas, Não soube dar a informação

Observa-se que, no caso federal, o volume de recursos teve uma equivalência entre aumento e estabilidade em torno de 40%, respectivamente; a diminuição foi em torno de 20%. Nos âmbitos estadual e municipal ocorreu uma situação diferente, aumentando o índice de retração de recursos e uma certa equiparação entre as variáveis de aumento e estabilidade. O Gráfico 6c demonstra a situação dos postos de trabalho do Serviço Social referente às variáveis antes explicitadas.

GRÁFICO 6c
Distribuição amostral das instituições segundo a alteração no número de Assistentes Sociais a partir de 1990 — Órgãos Públicos

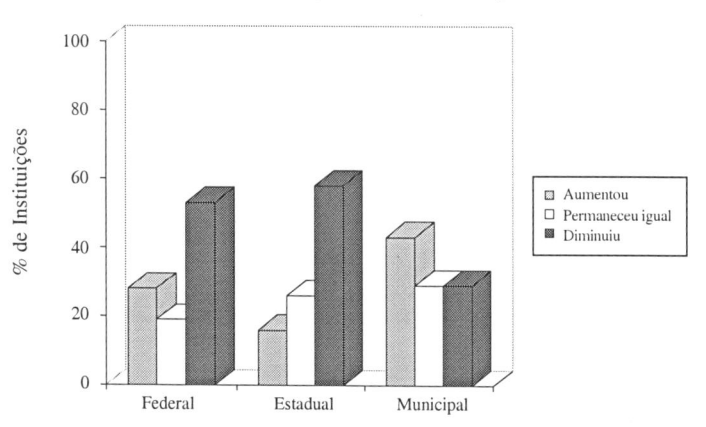

Legenda: Aumentou, Permaneceu igual, Diminuiu

Ao analisar-se a alteração do número de assistentes sociais nesse período, observa-se que nas esferas federal e estadual houve uma diminuição do quadro, em torno de 50 e 60%, respectivamente. A esfera municipal apresentou um aumento na ordem de 40% e uma equivalência entre instituições que diminuíram ou mantiveram o mesmo número de profissionais. No entanto, é nessa esfera que os recursos mais se retraíram e as condições de inserção contratual são as mais voláteis, conforme já analisei aqui anteriormente. Tal fato evidencia que as variáveis devem ser consideradas relacionalmente para garantir uma análise das condições de trabalho da profissão numa visão de totalidade, em todos os aspectos de sua inserção social.

3.2.3. Valorização Salarial[14]

O terceiro componente da inserção institucional é a *valorização salarial* da força de trabalho do Serviço Social. O pressuposto inicial é que a precariedade na inserção institucional do assistente social, de acordo com os indicadores aqui mencionados, implica a redução de seus custos salariais e reproduz a flexibilidade identificada em relação ao vínculo empregatício e à carga horária. Nessa ótica, verifica-se uma multiplicidade de níveis salariais nas três esferas estatais, conforme os dados do Gráfico 7 (pág. 147).

O gráfico atesta variações com quatro faixas salariais, inclusive despontando a ocorrência dessa condição no interior das mesmas instituições, fenômeno este existente nas três esferas, revelando um indício importante de precarização salarial. O nível federal teve como faixa preponderante a de mais de US$ 1000 a US$ 1500; os níveis estadual e municipal centraram-se na faixa de mais de US$ 500 a US$ 1000, com ocorrência zero da faixa mais alta da amostra, o que se verificou na esfera federal com uma margem pequena de cerca de 10%.

---

14. Utilizou-se a moeda dólar como referência salarial porque havia, à época, uma equivalência com o real, tendo em vista análises futuras a serem efetuadas no caso de mudanças na moeda nacional.

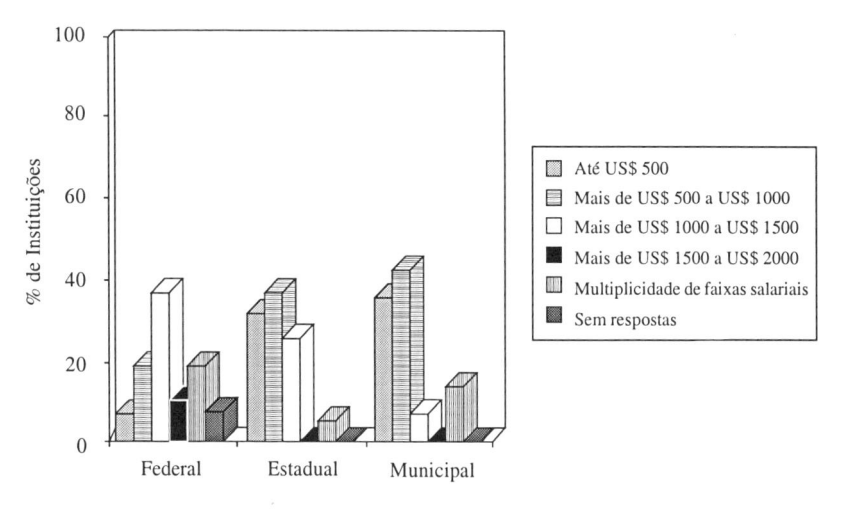

GRÁFICO 7
Distribuição amostral das instituições segundo a alteração no número de Assistentes Sociais a partir de 1990 — Órgãos Públicos

Legenda:
- Até US$ 500
- Mais de US$ 500 a US$ 1000
- Mais de US$ 1000 a US$ 1500
- Mais de US$ 1500 a US$ 2000
- Multiplicidade de faixas salariais
- Sem respostas

Eixo Y: % de Instituições
Eixo X: Federal, Estadual, Municipal

A título de ilustração mais ampla, a Tabela 4 (pág. 148) cruza a variável faixa salarial com a carga horária e oferece uma dimensão mais detalhada da valorização da ação profissional do assistente social, relembrando aqui que alguns dados sob análise tiveram o atributo "indicador" porque não ofereciam margem aceitável para estimativa, ou seja, para generalização.

O que se percebe nesses dados é que houve índices significativos nas esferas estadual e municipal de instituições que contratam assistentes sociais com 40 e/ou 30 horas semanais com remuneração nas faixas menores de mais de US$ 500 a US$ 1000 e a de até US$ 500, contrariando a lógica de maior salário para quem trabalha em maior carga horária.

Em suma, o que se verificou é uma correspondência coerente das faixas salariais com as outras condições de inserção institucional antes analisadas, em termos de precarização e desvalorização dessa força de trabalho.

3.2.4. Atribuições Profissionais

Situa-se, a seguir, o quarto componente da inserção institucional, as *atribuições profissionais*. Os próximos resultados em que trafe-

TABELA 4
Distribuição amostral absoluta e relativa das instituições, segundo a faixa salarial e a carga horária dos assistentes sociais e a esfera administrativa — Estado do Rio de Janeiro — órgãos públicos nas três esferas administrativas

Faixa salarial (em US$)	Carga Horária Semanal											
	20 horas		30 horas		40 horas		20 e 30 horas		30 e 40 horas (1)		20, 30 e 40 horas (1)	
	Abs.	%	Abs.	%	Abs.	%	Abs.	%	Abs.	%	Abs.	%
FEDERAL												
Total	1	100	1	100	32	100	—	—	2	100	—	—
Até US$ 500	—	—	—	—	2	6	—	—	—	—	—	—
Mais de US$ 500 a US$ 1000	1	100	—	—	6	19	—	—	—	—	—	—
Mais de US$ 1000 a US$ 1500	—	—	—	—	13	41	—	—	—	—	—	—
Mais de US$ 1500 a US$ 2000	—	—	—	—	4	13	—	—	—	—	—	—
Até US$ 500 e mais de US$ 500 a US$ 1000 (1)	—	—	—	—	—	—	—	—	2	100	—	—
Até US$ 500 e mais de US$ 1000 a US$ 1500 (1)	—	—	—	—	1	3	—	—	—	—	—	—
Mais de US$ 500 a US$ 1000 e Mais de US$ 1000 a US$ 1500 (1)	—	—	—	—	1	3	—	—	—	—	—	—
Mais de US$ 1000 a US$ 1500 e Mais de US$ 1500 a US$ 2000 (1)	—	—	—	—	1	3	—	—	—	—	—	—
Mais de US$ 500 a US$ 1000, Mais de US$ 1000 a US$ 1500 e Mais de US$ 1500 a US$ 2000 (1)	—	—	—	—	1	3	—	—	—	—	—	—
Mais de US$ 500 a US$ 1000, Mais de US$ 1000 a US$ 1500 e Mais de US$ 2000 a US$ 2500 (1)	—	—	—	—	1	3	—	—	—	—	—	—
Sem respostas	—	—	1	100	2	6	—	—	—	—	—	—

Faixa salarial (em US$)	Carga Horária Semanal											
	20 horas		30 horas		40 horas		20 e 30 horas		30 e 40 horas (1)		20, 30 e 40 horas(1)	
	Abs.	%	Abs.	%	Abs.	%	Abs.	%	Abs.	%	Abs.	%
ESTADUAL												
Total	1	100	7	100	8	100	—	—	1	100	1	100
Até US$ 500	1	100	3	43	1	13	—	—	—	—	1	100
Mais de US$ 500 a US$ 1000	—	—	2	33	3	38	—	—	1	100	—	—
Mais de US$ 1000 a US$ 1500	—	—	2	24	3	38	—	—	—	—	—	—
Até U$ 500 e mais de US$ 500 a US$ 1000 (1)	—	—	—	—	1	13	—	—	—	—	—	—
MUNICIPAL												
Total	5	100	3	100	3	100	1	100	—	—	—	—
Até US$ 500	4	80	1	33	—	—	—	—	—	—	—	—
Mais de US$ 500 a US$ 1000	1	20	2	67	1	33	1	100	—	—	—	—
Mais de US$ 1000 a US$ 1500	—	—	—	—	1	33	—	—	—	—	—	—
Mais de US$ 500 a US$ 1000 (e mais de US$ 1000 a US$ 1500 (1)	—	—	—	—	1	33	—	—	—	—	—	—

Nota: Sinal convencional utilizado: — Dado numérico igual a zero não resultante de arredondamento.
As diferenças entre soma de parcelas e respectivos totais percentuais são provenientes do critério de arredondamento.
Erro máximo de estimativa encontrado por célula: 25%, 25% e 32%, para os Órgãos Públicos Federal, Estadual e Municipal, respectivamente.
O atributo único foi validado pelo modelo de amostragem, e a multiplicidade de categorização deve ser interpretada como "indicador".
(1) Indicador.

gam as solicitações ao Serviço Social, por certo, representam uma continuidade histórica consolidada. É bom lembrar que os dados que serão aqui apresentados têm o crivo de empregadores, embora em muitos casos dessa amostra de 136 unidades de trabalho possa ter havido uma interferência direta de assistentes sociais nas respostas institucionais, por solicitação dos próprios pesquisados. Portanto, esses dados, ainda que tenham um conteúdo objetivo, guardam a interferência subjetiva dos respondentes.

A apresentação dar-se-á por meio de dois componentes das *demandas/atribuições profissionais*: o público-alvo e o tipo de atividade exercida pelo assistente social.

3.2.4.1. O Público-Alvo do Serviço Social

O primeiro elemento — público-alvo — expressa os critérios de elegibilidade que refletem a segmentação e a estratificação da população em políticas setoriais, cada vez mais recortadas nas respostas institucionais às refrações da questão social.

A Tabela 5 ilustra a multiplicidade do público-alvo no setor estatal. A meu ver, o que importa verificar são as sinalizações dessa fragmentação, que revelam a natureza das políticas de atendimento social, centradas nas seqüelas da problemática social.

TABELA 5
Instituições, em números absolutos e relativos, segundo o público alvo atendido pelo Serviço Social na instituição e a esfera administrativa — Estado do Rio de Janeiro — Órgãos Públicos nas três esferas adinistrativas

Público-Alvo Atendido na Instituição	Federal		Estadual		Municipal	
	Abs.	%	Abs.	%	Abs.	%
Total	36	100	19	100	14	100
Empregados ativos das instituições	4	11	1	5	—	—
Familiares dos empregados da instituição	2	6	—	—	—	—
Crianças e adolescentes	—	—	4	21	2	14
População em geral	3	8	2	11	6	43
População de baixa renda	—	—	—	—	1	7
Mulheres	1	3	—	—	—	—
Aposentados	1	3	—	—	—	—

Público-Alvo Atendido na Instituição	Federal		Estadual		Municipal	
	Abs.	%	Abs.	%	Abs.	%
Estudantes universitários	1	3	1	5	—	—
Associados/conveniados das instituições	1	3	—	—	1	7
Adolescentes infratores	—	—	1	5	—	—
Portadores de transtorno mental	2	6	—	—	—	—
Adolescentes infratores e familiares dos empregados da instituição (1)	—	—	1	5	—	—
Empregados ativos das instituições e familiares dos empregados da instituição (1)	7	19	2	11	—	—
Familiares dos empregados da instituição e idosos (1)	1	3	—	—	—	—
Crianças e adolescentes, população de baixa renda e população de rua (1)	—	—	1	5	—	—
Crianças, adolescentes e mulheres (1)	1	3	—	—	—	—
Empregados ativos das instituições e aposentados (1)	3	8	—	—	—	—
Portadores de deficiência mental e familiares dos empregados da instituição (1)	1	3	—	—	—	—
Crianças, adolescentes e familiares dos empregados da instituição (1)	1	3	—	—	—	—
Empregados ativos das instituições e aposentados (1)	2	6	—	—	—	—
Empregados ativos das instituições e aposentados (1)	1	3	1	5	—	—
Idosos e população de baixa renda (1)	—	—	1	5	—	—
Crianças e adolescentes (1)	1	3	1	5	—	—
Familiares dos empregados da instituição e população em geral (1)	2	6	1	5	—	—
Estudantes universitários, empregados ativos das instituições, familiares dos empregados da instituição e população em geral (1)	1	3	—	—	—	—
Familiares dos empregados da instituição e população carcerária (1)	—	—	1	5	—	—
População de baixa renda e população de rua (1)	—	—	1	5	—	—
Associados/conveniados das instituições, empregados ativos das instituições e aposentados (1)	—	—	—	—	1	7
Idosos, portadores de deficiência física, portador de deficiência mental e população de baixa renda (1)	—	—	—	—	1	7
Crianças, adolescentes e população de baixa renda (1)	—	—	—	—	1	7
Associados/conveniados das instituições e aposentados (1)	—	—	—	—	1	7

Notas: Sinal convencional utilizado: — Dado numérico igual a zero não resultante de arredondamento.
As diferenças entre soma de parcelas e respectivos totais percentuais são provenientes do critério de arredondamento.
Erro máximo de estimativa encontrado por célula: 25%, 25% e 32%, para os Órgãos Públicos Federal, Estadual e Municipal, respectivamente.
O atributo único foi validado pelo modelo de amostragem, e a multiplicidade de categorização deve ser interpretada como "indicador".
(1) Indicador.

Qualquer análise que eu pudesse tecer sobre esse fenômeno apenas reproduziria o que, incisivamente, já o fez Netto (1992:90):

"As refrações societárias da 'questão social' configuram-se caleidoscopicamente na idade do monopólio. Por isso mesmo, na sua fenomenalidade, elas propiciam a alternativa do seu enfrentamento seletivo (seletivo, obviamente conforme as estratégias das classes, em presença e/ou simultâneo mediante ações interprofissionais). Em qualquer das hipóteses, contudo, um enfrentamento particular sempre a outro: a fenomenalidade atomizada da 'questão social', a partir da mais superficial das intervenções, acaba recolocando a articulação profunda da sua causalidade (senão ao preço, mesmo que a médio prazo, da desqualificação das intervenções). Só este fato já confronta o assistente social com o tecido heteróclito em que se move a sua profissionalidade: a teia em que a vê enredada se entretece de fios econômicos, sociais, políticos, culturais, biográficos etc., que nas demandas a que deve atender, só são passíveis de desvinculação mediante procedimentos burocrático-administrativos.

É inegável o registro desta desvinculação — que, como já se demonstrou, reproduz reiterativamente a demanda da intervenção do profissional. No entanto, mesmo no bojo da (formal) 'homogeneização' que os procedimentos burocrático-administrativos realizam institucionalmente (com a delimitação dos 'problemas', do 'público-alvo' e dos 'recursos' a serem alocados), persiste a ineliminável heterogeneidade das situações, que o profissional só pode elidir pela abstração, elisão que não resiste exceto no plano da formalidade institucional. Daí que, aprisionado na lógica hierárquica e na mecânica estabelecida no jogo institucional, o profissional remeta a problemática das refrações da 'questão social' — daquelas que não estão contempladas nas suas 'atribuições', prescritas nos limites dos 'serviços' institucionais — sempre para outras instâncias, ainda que mesmo do próprio Serviço Social. (...). A razão objetiva de boa parte das funções de 'triagem e encaminhamento' atribuídas institucionalmente aos assistentes sociais encontra-se neste verdadeiro jogo de espelhos. (nota 19)"

Essa longa citação de Netto contém e expressa a lógica da fragmentação do público-alvo apresentada na Tabela 5 e nas requisições e atribuições, conforme as tabelas a seguir demonstrarão:

3.2.4.2. As Atividades do Serviço Social

TABELA 6
Distribuição amostral absoluta e relativa das instituições, segundo o tipo de atividade exercida pelo Serviço Social e a esfera administrativa — Estado do Rio de Janeiro — Órgãos Públicos ns três esferas administrativas

Tipo de Atividade Exercida Pelo Serviço Social	Federal		Estadual		Municipal	
	Abs.	%	Abs.	%	Abs.	%
Total	34	100	16	100	14	100
Prestação de benefícios:						
Programas assistenciais	7	21	1	6	6	43
Convênios/benefícios	2	6	—	—	—	—
Prestação de serviços materiais	1	3	—	—	—	—
Programas assistenciais e programas educacionais (1)	3	9	3	19	1	7
Programas assistenciais e convênios/benefícios (1)	—	—	3	19	1	7
Programas assistenciais e prestação de serviços materiais (1)	1	3	3	19	1	7
Programas educacionais e convênios/benefícios (1)	—	—	1	6	—	—
Programas educacionais e prestação de serviços materiais (1)	—	—	1	6	1	7
Convênios/benefícios e prestação de serviços materiais (1)	—	—	—	—	1	7
Programas assistenciais, programas educacionais e convênios/benefícios (1)	6	18	—	—	1	7
Programas assistenciais, programas educacionais e prestação de serviços materiais (1)	3	9	1	6	—	—
Programas assistenciais, convênios/benefícios e prestação de serviços materiais (1)	5	15	1	6	1	7
Programas educacionais, convênios/benefícios e prestação de serviços materiais (1)	1	3	—	—	—	—
Programas assistenciais, programas educacionais, convênios/benefícios e prestação de serviços materiais (1)	5	15	2	13	1	7

Nota: Sinal convencional utilizado: — Dado numérico igual a zero não resultante de arredondamento.
As diferenças entre soma de parcelas e respectivos totais percentuais são provenientes do critério de arredondamento.
Erro máximo de estimativa encontrado por célula: 25%, 25% e 5%, para os Órgãos Públicos Federal, Estadual e Municipal, respectivamente.
O atributo único foi validado pelo modelo de amostragem, e a multiplicidade de categorização deve ser interpretada como "indicador".
(1) Indicador.

TABELA 7
Distribuição amostral absoluta e relativa das instituições, segundo o tipo de atividade exercida pelo Serviço Social e a esfera administrativa — Estado do Rio de Janeiro — órgãos públicos ns três esferas administrativas

Tipo de Atividade Exercida pelo Serviço Social	Federal		Estadual		Municipal	
	Abs.	%	Abs.	%	Abs.	%
Total	23	100	13	100	5	100
Política de pessoal:						
Informação	1	4	3	23	—	—
Avaliação	—	—	1	8	1	20
Transferência	1	4	—	—	—	—
Capacitação/treinamento	2	9	1	8	2	40
Seleção e informação (1)	1	4	—	—	—	—
Seleção e capacitação/treinamento (1)	2	9	—	—	—	—
Informação e avaliação (1)	2	9	—	—	—	—
Informação e capacitação/treinamento (1)	—	—	1	8	—	—
Avaliação e transferência (1)	1	4	—	—	—	—
Transferência e capacitação/treinamento (1)	1	4	—	—	—	—
Seleção, informação e avaliação (1)	1	4	1	8	—	—
Seleção, transferência e capacitação/treinamento (1)	1	4	—	—	—	—
Informação, avaliação e transferência (1)	1	4	—	—	—	—
Informação, avaliação e capacitação/treinamento (1)	1	4	—	—	—	—
Informação, transferência e capacitação/treinamento (1)	1	4	—	—	—	—
Informação, avaliação, transferência e capacitação/treinamento (1)	—	—	1	8	—	—
Seleção, informação, avaliação e capacitação/treinamento (1)	4	17	—	—	1	20
Informação, avaliação, desligamento e capacitação/treinamento (1)	1	4	—	—		
Seleção, informação, transferência, desligamento e capacitação/treinamento (1)	—	—	1	8	—	—
Seleção, informação, avaliação, transferência, desligamento e capacitação/treinamento (1)	2	9	3	23	—	—
Seleção, informação, avaliação, transferência, promoções e desligamento (1)	—	—	—	—	1	20
Não existe	—	—	1	8	—	—

Nota: Sinal convencional utilizado: — Dado numérico igual a zero não resultante de arredondamento.
As diferenças entre soma de parcelas e respectivos totais percentuais são provenientes do critério de arredondamento.
Erro máximo de estimativa encontrado por célula: 25%, 25% e 32%, para os Órgãos Públicos Federal, Estadual e Municipal, respectivamente.
O atributo único foi validado pelo modelo de amostragem, e a multiplicidade de categorização deve ser interpretada como "indicador".
(1) Indicador.

Esse segundo elemento, as *demandas/atribuições profissionais*, ou seja, o tipo de atividades exercidas pelo Serviço Social, reproduz a lógica do retalhamento do público-alvo, já analisada sob a ótica de Netto. O trato institucional dos problemas sociais só pode ser dessa maneira, recortados em problemas particulares; o contrário significaria a inexistência de instituições para tal finalidade. Portanto, ao Serviço Social institucional não há outra alternativa (e, de resto também às demais práticas profissionais) senão de um exercício profissional setorizado para tratar de diversos segmentos populacionais e com problemas também segmentados. Em suma, a visão (e o trato) da totalidade social pertence ao terreno da contestação ao sistema.

Como foi visto, as atribuições/atividades do Serviço Social no âmbito da prestação de benefícios e da política de pessoal, nas três esferas estatais, ainda guardam o caráter daquelas tradicionalmente realizadas ao longo da trajetória do Serviço Social, com alterações pouco significativas em termos de atividades de planejamento das políticas institucionais, corroborando a predominância da requisição nascente da profissão para a execução dessas políticas.

3.2.5. Valorização Institucional

Tal condição tem consonância com o que foi percebido neste último componente, a *valorização institucional*, no tocante à ocupação de posições decisórias nas estruturas institucionais. Na Tabela 8, fica evidenciado que nas esferas federal e municipal, em torno de 50% das instituições, o assistente social nunca ocupou tal posição, secundado por 26%, no caso estadual. É de conhecimento público que esse fato nem sempre guarda uma correspondência direta com a competência do assistente social, mas está mediado por fatores outros, de ordem cultural, relativos à desvalorização das profissões chamadas paramédicas, na área da Saúde, área essa predominante no setor estatal, por exemplo, onde o médico ainda é o detentor do poder institucional, na maioria das instituições, situação que se reproduz em outras áreas.

TABELA 8
Distribuição amostral absoluta e relativa das instituições, segundo a pertinência de cargos de direção ocupados por profissionais do Serviço Social, e a esfera administrativa — Estado do Rio de Janeiro — órgãos públicos nas três esferas administrativas

Cargos de Direção		Federal		Estadual		Municipal	
		Abs.	%	Abs.	%	Abs.	%
Total		36	100	19	100	14	100
Sim	sempre ocupou	8	22	6	32	3	21
	ocupação recente	6	17	2	11	1	7
Não	já ocupou	2	6	3	16	2	14
	nunca ocupou	19	53	5	26	7	50
Sem respostas		1	3	2	11	1	7
Sem soube dar a informação		—	—	1	5	—	—

Nota: Sinal convencional utilizado: — Dado numérico igual a zero não resultante de arredondamento.
As diferenças entre soma de parcelas e respectivos totais percentuais são provenientes do critério de arredondamento.
Erro máximo de estimativa encontrado por célula: 25%, 25% e 32%, para os Órgãos Públicos Federal, Estadual e Municipal, respectivamente.

No entanto, nas tabelas seguintes, quando foram colhidas informações acerca do motivo de investimento na capacitação do assistente social, os índices nas três esferas do setor público foram significativos, com cerca de 54% de respostas atribuídas a razões (somadas as duas) de eficiência e eficácia do profissional, no âmbito federal, e 43% no estadual, na mesma medida, isto é, somando-se essas variáveis.

Esse resultado evidencia uma valorização importante desse profissional nas instituições da amostra. Na esfera municipal, o percentual apenas determinado pela eficiência do assistente social é de 17%, contrapondo-se à razão primeira de qualidade de atendimento ao usuário com 67% de ocorrência, índice baixo nas outras dimensões, com 8% e 21% nas esfera federal e estadual, respectivamente, demonstrando-se aí um descaso com o serviço público, razão de existência dessas instituições.

Por outro lado, no que diz respeito às indagações sobre as razões do não-investimento na capacitação do assistente social, há um alto percentual de 50% na esfera municipal como "falta de interesse da instituição" e um índice significativo do mesmo motivo no âmbito federal. No nível estadual, a razão com alto destaque é "a carência de recursos", com 60% de ocorrência.

As tabelas a seguir demonstram essas análises:

TABELA 9
Distribuição amostral absoluta e relativa das instituições, que investem no aperfeiçoamento do Assistente Social, segundo o motivo do investimento e a esfera administrativa — Estado do Rio de Janeiro — órgãos públicos nas três esferas administrativas

Motivo do Investimento	Federal		Estadual		Municipal	
	Abs.	%	Abs.	%	Abs.	%
Total	24	100	14	100	6	100
Qualidade de atendimento ao usuário	2	8	3	21	4	67
Eficiência do profissional (2)	8	33	2	14	1	17
Eficácia do profissional (3)	5	21	4	29	—	—
A instituição possui programa de capacitação para todos os seus profissionais	4	17	1	7	—	—
Qualidade de atendimento ao usuário e eficiência do profissional (1)	1	4	—	—	—	—
Eficácia do profissional e qualidade de atendimento ao usuário (1)	—	—	—	—	1	17
Sem respostas	2	8	3	21	—	—
Não soube dar a informação	2	8	1	7	—	—

Nota: Sinal convencional utilizado: — Dado numérico igual a zero não resultante de arredondamento.
As diferenças entre soma de parcelas e respectivos totais percentuais são provenientes do critério de arredondamento.
Erro máximo de estimativa encontrado por célula: 12%, 25% e 32% para os Órgãos Públicos Federal, Estadual e Municipal, respectivamente.
O atributo único foi validado pelo modelo de amostragem, e a multiplicidade de categorização deve ser interpretada com o "indicador".
(1) Indicador.
(2) Para o aprimoramento do profissional, a fim de atender às demandas existentes.
(3) Para manter um profissional atualizado, capaz de atender às demandas potenciais.

TABELA 10
Distribuição amostral absoluta e relativa das instituições, que não investem no aperfeiçoamento do assistente social que emprega, segundo o motivo do investimento e a esfera administrativa — Estado do Rio de Janeiro — órgãos públicos nas três esferas administrativas

Motivo do não-nvestimento	Federal		Estadual		Municipal	
	Abs.	%	Abs.	%	Abs.	%
Total	12	100	5	100	8	100
Ausência de política de desenvolvimento de recursos humanos	4	33	—	—	—	—
Ausência de política de desenvolvimento para esse profissional em particular	1	8	1	20	1	13
Carência de recursos	2	17	3	60	1	13
Falta de interesse da instituição	2	17	—	—	4	50
Falta de oportunidade	1	8	—	—	1	13
Carência de recursos e falta de interesse da instituição (1)	1	8	—	—	—	—
Sem respostas	1	8	1	20	1	13

Nota: Sinal convencional utilizado: — Dado numérico igual a zero não resultante de arredondamento.
As diferenças entre soma de parcelas e respectivos totais percentuais são provenientes do critério de arredondamento.
Erro máximo de estimativa encontrado por célula: 25%, 25% e 32% para os Órgãos Públicos Federal, Estadual e Municipal, respectivamente.
O atributo único foi validado pelo modelo de amostragem, e a multiplicidade de categorização deve ser interpretada com o "indicador".
(1) Indicador.

Para concluir esse item *valorização institucional*, demonstro com o último gráfico (Gráfico 8) a distribuição das instituições estatais em relação à existência de planos de carreira para o assistente social.

Na área federal, em quase 50% das instituições há plano de carreira, índice quase equiparado à situação daquelas onde inexiste tal instrumento de referência salarial. Conforme os dados, em quase 80% das instituições estaduais e em mais de 80% das municipais não há plano de carreira para o assistente social, significando que essa categoria está a descoberto. Inclusive, ela não foi considerada área de Saúde no Rio de Janeiro (de resto, em outros estados também), referência para os planos de carreira de outras categorias profissionais no setor público.

Utilizei *valorização institucional* porque pretendi enfocar que o tratamento da força de trabalho na área social do setor público, aqui

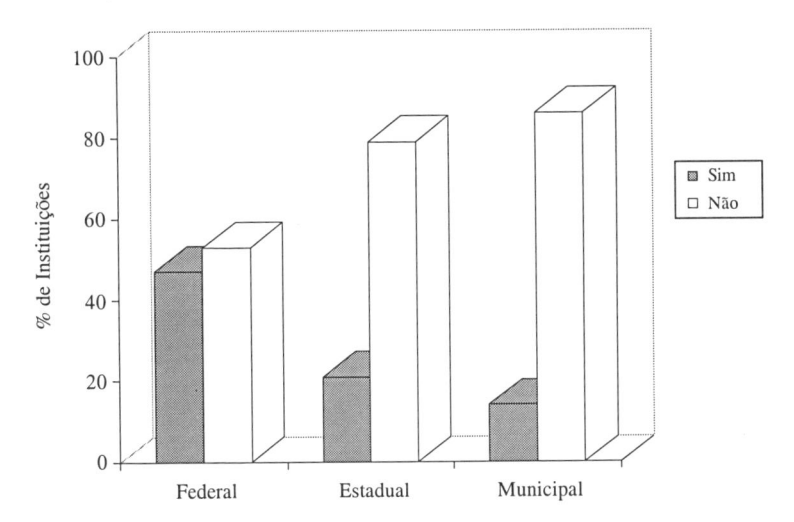

GRÁFICO 8
Distribuição amostral das instituições segundo plano de carreira — Órgãos Públicos

demonstrado, ilustra aquela análise realizada na Introdução deste meu trabalho, quando sinalizo outros componentes para além daqueles econômicos, na abordagem sobre a desmontagem das políticas sociais nos governos neoliberais. O fato é que a questão de recursos é a que apresenta maior visibilidade e a que também tem sido objeto de maiores discussões e referências teóricas e políticas, descuidando-se ou até não se percebendo a importância de outros fatores que estão sendo utilizados no desmantelamento do setor público estatal.

3.3. A Categoria "Redimensionamento Profissional"

Finda a análise da segunda categoria *inserção institucional da profissão*, procederei nas páginas seguintes ao tratamento da terceira categoria, *redimensionamento profissional*, sob o enfoque de *demandas sociais* e *capacitação profissional*.

O primeiro raciocínio é que o redimensionamento está sendo determinado, como vimos em itens anteriores, pelas novas alterações estruturais da ordem econômica e pela crise e reforma do Estado, o que implica afirmar que só há redimensionamento porque há crise e que a abordagem e a compreensão desses elementos devem se dar na relação de um com o outro. Tal redimensionamento pode implicar o redesenho do significado social da profissão e, portanto, das suas funções sociais desempenhadas na realidade social.

A segunda conseqüência desse redimensionamento dá-se no terreno institucional, isto é, do ponto de vista das alterações nas formas, modos e condições de inserção da profissão no mercado de trabalho, aspecto esse que identifiquei amparada nos resultados apontados pela pesquisa empírica aqui analisada. Resultados esses imbricados dialeticamente de elementos de revisão da própria utilidade da profissão, que vai sendo reciclada nos processos vivenciados no exercício profissional.

Analiso mais adiante esses dois elementos sinalizados que incidem mais diretamente na relação da realidade social com a intervenção da profissão (como categoria), que são as *demandas sociais* e as estratégias de *capacitação profissional*.

Nessa abordagem, apresento como pressuposto o seguinte enunciado: *Se não houver, a curto prazo, um rigoroso processo de capacitação profissional, o Serviço Social poderá correr o risco de transformar-se no mercado de trabalho numa profissão de nível médio, em termos de sua utilidade social e valorização salarial, ainda que continue com o estatuto legal de nível superior.*

Em função dessa análise, retomo aqui a hipótese posta na introdução deste capítulo, construída no bojo das descobertas e identificações, resultantes do processo de estudo na sua totalidade, a saber: **A crise da materialidade do Serviço Social vinculada ao setor público estatal pode estar implicando um redimensionamento da profissão com indicações de redução da sua institucionalização estatal, sobretudo nas esferas federal e estatal, e com perspectiva de aumento da precarização das suas condições de trabalho e de fragmentação na absorção de assistentes sociais nesse mercado.**

3.3.1. Demandas Sociais

Essa abordagem requer uma análise introdutória aos resultados da pesquisa. Em primeiro lugar, as transformações societárias de toda ordem: econômica, política, social e cultural estão alterando e/ou produzindo novas necessidades sociais. Essas necessidades requerem, por sua vez, novas demandas às profissões; portanto, estas demandas também estão sendo recicladas ou, até mesmo, surgindo novas requisições às diferentes profissões. Elas não se confundem e nem há uma transposição mecânica do campo das necessidades para o das demandas; há mediações provindas de determinações macroscópicas societárias, em processo de mudança, que estão reciclando as velhas necessidades sociais ou até produzindo novas necessidades; esse mesmo processo se reproduz no terreno das demandas sociais.

Portanto, a captação desse movimento do real na atual conjuntura é imprescindível para que se percebam as suas repercussões na profissão e as alterações que se estão processando no seu mercado de trabalho e na constituição de sua ação profissional.

Aqui, recuperam-se as análises já efetuadas na Introdução deste trabalho, no tocante às mudanças advindas da atual reestruturação produtiva na produção, gestão e consumo de mercadorias e na esfera da produção e reprodução da força de trabalho. Alterações estas que estão redefinindo as necessidades postas no campo empresarial, no terreno do Estado e no interior dos aparelhos da força de trabalho. Tais necessidades, sujeitas a esse fluxo de determinações, traduzem-se em demandas às diferentes práticas sociais, mediando as exigências sociais para atender, em última instância, às necessidades do capital.

Sob essa perspectiva é que as demandas ao Serviço Social devem ser enfocadas, procurando-se arrancar de sua aparência as reais determinações econômico-políticas das mesmas.

Mas, afinal, o que são demandas? São requisições técnico-operativas; no caso do Serviço Social, demandadas à profissão por meio de seus empregadores — o setor público, o setor empresarial e as entidades sem fins lucrativos.

Em outras atividades profissionais, não há a obrigatoriedade dessa mediação como no Serviço Social, em razão de essa profissão ser quase na sua totalidade institucionalizada, ou seja, a condição de atividade autônoma (escritório, consultório etc.) ainda é bastante inexpressiva. Nessa perspectiva, em nossa profissão há uma *disjunção, uma separação* entre quem demanda e quem recebe diretamente os serviços, isto é, são as instituições estatais e privadas que contratam os profissionais de Serviço Social para prestar serviços a determinada clientela, ou seja, no nosso caso há a figura de um *atravessador* entre nós e a população-alvo de nossa ação profissional, que são as instituições estatais e privadas onde trabalhamos.

Tal característica confere ao Serviço Social uma condição peculiar, o que implica uma análise particular da questão das demandas. Significa afirmar, em decorrência deste fato, que há que se ter um duplo movimento de análise em relação ao conhecimento das demandas. Primeiramente, é imprescindível identificar as necessidades do capital e do Estado, em especial, em face das alterações estruturais de hoje, para que se possa, em decorrência, identificar as imposições e demandas que um e outro estão colocando à profissão, em particular. Ou seja, que requisições estão sendo feitas ao Serviço Social nas instituições estatais e nas empresas privadas, em face dos processos de implantação da reestruturação produtiva e da reforma do Estado, sob a égide neoliberal. Por outro lado, a outra exigência é romper os véus da aparência das necessidades sociais, determinadas por essas alterações econômico-políticas, identificando-se as reais necessidades do outro pólo da intervenção profissional — a classe trabalhadora, público-alvo da atuação da profissão.

Nessa direção, exige-se um processo contínuo de investigação e análise para que se possa operar a problematização das demandas sociais, objetivando apreender as mediações entre as reais necessidades sociais e as requisições ao mercado de trabalho pelas instituições e empresas, campos da prática profissional.

Por exemplo, no setor empresarial, já é notório que as demadas do capital não estão mais centradas somente na prestação ou gerência de benefícios, mas estão também voltadas para programas de formação e de qualificação de mão-de-obra ou de qualidade total, exigências essas decorrentes da implantação da reestruturação produtiva no Brasil.

No setor público, novas requisições apontam para a inserção da profissão em programas de refilantropização da assistência, como o Comunidade Solidária, enquanto estratégia do Estado neoliberal para responder à "questão social", transferindo para o setor privado suas responsabilidades sociais. Além de requisições da participação do assistente social em Conselhos de Políticas Sociais Setoriais, na esfera municipal principalmente, que se colocam como possibilidade de atuação profissional nos municípios brasileiros, a partir da Constituição de 1988.

Sem dúvida, o conhecimento das necessidades do capital, do Estado e, em especial, da população-alvo, necessidades essas *fonte geradora das demandas*, propicia condições à profissão para construir os seus objetos de prática e definir mecanismos e procedimentos adequados para o redimensionamento de suas competências técnicas e políticas. Isto porque as demandas sociais não se apresentam de maneira direta às práticas profissionais; elas sofrem um processo de mediação teórico-político para se constituírem em objetos da ação profissional.

Entendo que uma adequada análise da profissão hoje não pode descartar essa problematização do significado das demandas para que, de posse desse instrumento analítico, os profissionais, os centros de formação e os órgãos da categoria possam construir os mecanismos de capacitação teórico-metodológicos para responder criticamente às necessidades atuais do mercado de trabalho, sob a égide do projeto ético-político construído pela organização da categoria profissional. Este aspecto retomarei mais adiante ao tratar da capacitação profissional.

As demandas à profissão — vale reforçar que em tempo de mudanças, principalmente como agora, de mudanças estruturais — são complexas, e nem sempre apresentam visibilidade; convivem ao mesmo tempo e, às vezes, se entrecruzam demandas tradicionais (ou tradicionais travestidas de novas roupagens e/ou expressões) e demandas potenciais.

A meu ver, nessa conjuntura, e consonante com as alterações e características assumidas pelo novo modelo de acumulação capitalista, o que existe no terreno social são *demandas de perfis* e não demandas a uma profissão em particular; perfis de natureza polivalente, multifuncional, multifacetada, *perfis* esses que vão ao encontro das determinações da feição da mão-de-obra requisitada por essas alterações no mundo do trabalho e da flexibilização das relações de trabalho.

Esta minha compreensão a partir de meados de 1994 foi ao encontro de exemplos institucionais que corroboram minha posição acerca de demandas de perfis profissionais, colhidos na contratação de profissionais ou em concursos ou seleções profissionais.[15]

---

15. No Rio de Janeiro, o INSS contratou em 1996 profissionais com a nomenclatura de analistas técnicos; o concurso público em dezembro de 1995, da Fundação Oswaldo Cruz (Fiocruz) no cargo de tecnologia pleno 2, solicitava profissionais de qualquer curso de nível

De todo modo, penso que essas demandas potenciais ou até mesmo algumas tradicionais travestidas de novas são terreno de intervenção de diferentes profissões de corte social, porque, na minha visão, o social não é uma *especificidade* de nenhuma profissão; o que existe são *particularidades* no trato desse social, conferidas pelas diferentes profissões. Sendo assim, essas demandas pressupõem a *disputa de mercado* entre diferentes áreas, como psicologia social, educação, administração de recursos humanos, sociologias aplicadas etc. e o serviço social.

Nessa caminhada, há que se (re)conhecer, por dentro, as problemáticas atuais dos grandes e médios centros urbanos, problemáticas essas que estão gerando necessidades novas ou com outras vestimentas e, até mesmo, provocando o redimensionamento de direitos primários constitutivos do ser humano. É o caso da *violência* como um fenômeno urbano de larga abrangência nas suas múltiplas expressões e que produz a necessidade prioritária da segurança pública, retomando o direito à vida como uma perspectiva cotidiana de especial proteção das populações dessas cidades.

Outro exemplo é o *desemprego estrutural*, de ampla extensão como resultante da crise econômica atual e determinador, por sua vez, da necessidade de proteção social das classes trabalhadoras como fulcro da "questão social", conforme análise tecida no Capítulo II.

A proliferação de seitas protestantes[16] é outra questão com grande amplitude geográfica e numérica que atinge substancialmente as classes populares e que, não raro, é desconsiderada pelos intelectuais de esquerda como alvo de estudos e trato da cotidianidade da vida das classes populares. Tal ocorrência é fruto, de alguma forma,

---

superior com um perfil para "planejamento e gestão de serviços de saúde", "gerência de programas em saúde do trabalhador", "formação de recursos humanos para a área de registros e informações de saúde" e "administração de recursos humanos". Consta do Informativo nº 17, para o Servidor Público Federal do Ministério da Administração Federal e Reforma do Estado, de julho de 1997, informações sobre editais de concursos públicos, a serem realizados até o ano 2000, ano a ano, entre outros, para os seguintes cargos: Especialista em Políticas Públicas e Gestão Governamental, com o total de 270 vagas; Analista de Orçamento, com 140 vagas, e Técnico de Planejamento e Pesquisa na área de Políticas Públicas, com 19 vagas.

16. Aqui não me refiro a religiões da tradição protestante, mas a essas seitas que, a meu ver, são uma das expressões da exploração da pobreza e da "boa-fé" das pessoas, bem como do enriquecimento ilícito de seus respectivos pastores, na sua grande maioria.

de necessidades de religiosidades substituidoras das lutas de enfrentamento da dura realidade atual, notadamente aquelas decorrentes do desemprego.

E destaco, por último, o problema da devastação da natureza, com abrangência generalizada e inúmeras expressões, que está provocando a necessidade da preservação ambiental como proteção do espaço ocupacional de populações e das suas riquezas naturais.

Tais problemas e suas imediatas necessidades captáveis, por sua vez, geram demandas sociais às profissões de corte social, demandas essas que devem ser apreendidas nas particularidades afetas a cada profissão, apreensão que se constitui um processo porque não se dá de maneira mecânica e direta, mas por meio de mediações também de natureza diversificada.

A partir dessa apreensão de demandas à profissão, desenrola-se o processo de construção dos objetos específicos do Serviço Social, uma vez que no terreno social os *objetos não são um a priori*, mas construídos com ferramentas teórico-metodológicas e ético-políticas que imprimem a direção e a efetividade da prática profissional. Portanto, a questão das demandas sociais para o Serviço Social não é algo percebido na visibilidade aparente dos problemas e necessidades sociais, mas é um *processo* que requer um aprofundamento analítico na investigação da realidade social em suas várias facetas, para que possam ser devidamente operadas as mediações teórico-políticas, como já frisei antes.

Nesse solo, um aspecto ganha relevo, o da população-alvo da profissão; os resultados e análises no item 3.2.4.1 deste livro demonstraram o perfil dessa população. Historicamente, o Serviço Social se firmou como a profissão por excelência da assistência social, em razão das determinações já amplamente apreendidas pelos profissionais; no entanto, essas novas necessidades e demandas sociais ou antigas necessidades e demandas com outras coberturas estão afetando diferentes segmentos das classes sociais, como a violência urbana e familiar, por exemplo. É evidente que o rebatimento das expressões e conseqüências desses problemas do mundo atual atingem diferenciadamente as classes sociais; no entanto, penso que a formação e seu corolário, a ação profissional, precisam ampliar o leque de possibilidades de oferta de serviços para que a utilidade social da profissão aumente o arco de sua abrangência na sociedade, estendendo sua atuação até os segmentos das camadas médias, inclusive fora do âmbito institucional, e em trabalhos interdisciplinares. Creio que essa *extensividade* pode e deve ser feita, sem que implique um *apartheid* ideopolítico e teórico-metodológico entre profissionais a serviço das classes populares e aqueles que trabalham com as camadas médias.

Penso que, nessa perspectiva, há demandas sociais potencialmente dirigidas ao Serviço Social, em termos mais significativos; são exemplos as decorrentes das síndromes desse desemprego estrutural, do crescimento da população de terceira idade,[17] das expressões da violência urbana de hoje, da violência familiar etc. São perspectivas que exigem, no entanto, um componente imprescindível para sua efetivação, que são as estratégias de capacitação profissional, das quais tratarei no item 3.3.2.

A meu ver, o que pode ser uma zona de consenso entre os analistas da profissão é que a proliferação de estudos e pesquisas de captação desse real empírico das necessidades sociais, das demandas e das características específicas das requisições institucionais ao Serviço Social deve ser algo prioritário como meta na formação profissional, em todos os níveis.

3.3.2. *Capacitação Profissional*

A partir das análises sobre demandas sociais, procederei ao trato da capacitação profissional, como ferramenta prioritária para enfrentar os desafios postos à profissão em face dessa conjuntura atual de mudanças.

Na direção dessa apreensão, a Proposta básica para o Projeto de Formação Profissional da Abess[18] (1996:153), ao tecer uma análise

---

17. Segundo projeções da Organização Mundial da Saúde, em 2025 teremos no Brasil cerca de 32 milhões de idosos numa população de 250 milhões de pessoas, quarto lugar em concentração de velhos entre os países mais populosos do mundo. O Serviço Social não está devidamente instrumentalizado, como profissão, para enfrentar as conseqüências dessa demanda social. Por isso, aponto essa perspectiva como investimento na formação profissional.

18. Documento apresentado na XXIX Convenção Nacional da Abess, realizada em Recife (PE), em novembro de 1995, para subsidiar as discussões sobre a revisão curricular.

das alterações no mundo do trabalho, alerta para o processo de formação profissional que precisa

> "enfrentar um conjunto de mudanças e dilemas que afetam diretamente o processo de trabalho do próprio assistente social (...) É necessário atribuir maior importância às estratégias, táticas e técnicas instrumentalizadoras da ação em estreita articulação com os avanços obtidos no campo teórico-metodológico e na pesquisa".

Ratifico essas preocupações da nossa entidade de ensino, mas destaco que "esses avanços teórico-metodológicos e na pesquisa" são privativos de uma elite da profissão e no âmbito da profissão; são ainda restritos porque se concentram na academia, na formação *stricto sensu*, ainda que referenciem âmbitos não acadêmicos. Isto porque o grande desafio de qualificação, sob todos os aspectos, incide sobre as reais chances de reciclagem do contingente profissional que está no mercado ou à espera de um posto de trabalho.

No entanto, eu iria mais além, ao afirmar que essa qualificação, com tal recorte frente às demandas sociais postas ao mercado na atual conjuntura, é extensiva à profissão como uma necessidade generalizada, mesmo a esse segmento minoritário mais qualificado em termos teórico-metodológico. Isto porque, sob meu crivo de análise, a profissão, no seu conjunto, não está instrumentalizada para responder às atuais exigências, nem para disputar o mercado com outras profissões, sem submeter-se a um processo interno rigoroso de capacitação que a sintonize com o mercado numa perspectiva crítica de intervenção. Além da situação das unidades de ensino privadas, cujas perspectivas de implantação de um currículo com tais pressupostos teórico-metodológicos e ético-políticos, hegemônicos na academia do setor estatal, são a outra face desse grande desafio de capacitação do quadro docente em questão.

Ressalto aqui o imenso crescimento de segmentos da categoria, no aspecto teórico, dos anos 80 para cá, imprimindo à profissão um *status* intelectual de inserção competente na academia, inclusive, na interlocução com outras áreas sociais. Ao mesmo tempo, sinalizo que estou me referindo sempre ao conjunto da categoria, portanto, o exposto acima está resguardado na devida proporção.

De outro lado, identificam-se alterações substantivas na composição das classes sociais que hoje freqüentam o Serviço Social;

essas alterações estão provocando inflexões no perfil profissional dos assistentes sociais, identificadas empiricamente nos últimos anos na caracterização da classe social dos alunos que escolhem os cursos de Serviço Social, com visível modificação na sua composição, indicando o ingresso das camadas médias mais pobres, e até setores populares, nessa profissão, situação essa com repercussões as mais diversas na formação e no exercício profissionais.

Nessa ótica, uma das conseqüências é que considerando não os centros mais bem aquinhoados, mas o conjunto das unidades de ensino, a defasagem da formação profissional parece-me ainda muito importante, seja pela inatualidade dos conhecimentos necessários acerca das alterações na realidade econômico-social atual, seja pela inexistência de uma preparação profissional no tocante às especializações requisitadas pelo mercado de trabalho atual, em decorrência das atuais necessidades e demandas sociais.

Por outro prisma, há uma enorme distância entre os centros de formação profissional e as instituições públicas e privadas do exercício profissional. Distância essa que não permite aquilatar a verdadeira face do exercício profissional em termos de sua competência e eficácia frente à função social da profissão. Sem dúvida, a ausência de ferramentas para o conhecimento dessas realidades é um dos principais obstáculos, assim como a flagrante carência de pesquisas empíricas de investigação do mercado e processo de trabalho do assistente social (incluindo-se aqui a questão das necessidades e demandas sociais e suas múltiplas determinações).[19]

Trago para uma análise especial, nesse item sobre a qualificação profissional, uma proposta de capacitação integrada com os componentes: especialização, habilitações, níveis de ação e áreas de atuação, tratados de maneira conjunta e articulada, ou seja, como uma unidade.

Em primeiro lugar, destaco a questão da especialização como algo a ser objeto de enfrentamento nos debates profissionais, porque estou convencida de que este é um dos caminhos necessários para a capacitação do assistente social hoje.

---

19. Na década de 90 é que começam a ser realizadas pesquisas empíricas sobre o mercado de trabalho e função social da profissão, em alguns estados, conforme sinalizei anteriormente neste trabalho.

A princípio, minhas posições vão ao encontro do que propõe Netto.[20] A especialização foi uma temática deixada para trás, em tempos do movimento de reconceituação, porque para os adeptos marxistas desse movimento, àquela época, tal aspecto estava prenhe de implicações conservadoras que iam de encontro à noção de totalidade da realidade social, uma das categorias centrais de análise dessa visão teórica. Ou seja, especialização profissional significaria recortar a realidade, sem o fio condutor de suas determinações macroscópicas. Persistir nessa visão é um equívoco porque, como em tudo, também a concepção sobre a especialização profissional depende do viés teórico-metodológico de adesão profissional. Daí, sob o prisma de uma visão histórico-crítica, não há contraposição entre o perfil generalista e a especialização instrumental de conhecimentos específicos e de respostas interventivas no social. O que existe é uma complementaridade entre ambos, entre a base generalista de explicação da realidade social e a capacitação especializada dos profissionais para a atuação nos campos, áreas e junto a segmentos populacionais, objetos de escolha pelo assistente social para o exercício profissional. Aliás, a profissão atua e atuou sempre em áreas, campos e com segmentos populacionais específicos. Por que não se pensar em formação também especializada desde a graduação?

Nas unidades de ensino, poderiam ser criados centros de excelência no Serviço Social, ao longo do tempo, nos diferentes cursos. Essas zonas específicas de especializações equivaleriam, na prática, ao que existe nas pós-graduações com as áreas de concentração de estudos, ou seja, seriam, no caso da graduação, as especializações por unidade de ensino.

Como seria a operacionalização dessa especialização? — não sei bem, isso é para ser pensado em conjunto. Por enquanto, penso que poderia ter uma base generalista até o penúltimo ano, sendo o último dedicado à especialização.

---

20. Tendo a concordar com as propostas de Netto (1996:125) sobre a formação profissional quando ele analisa as exigências do mercado e ressalta a sua inadequação, identificando duas possíveis linhas: "1) afunilar a graduação dirigindo a formação, desde o início, para especializações (...); 2) manter o perfil generalista da graduação, institucionalizando a especialização como requisito para o exercício profissional (cf. o exemplo da residência médica)". Esta última é a posição de Netto.

O que defendo não é que o assistente social saia da graduação com um título de especialista em tal área, mas que cada unidade de ensino tenha uma estrutura que assegure ao aluno, no último ano de sua formação, determinados conhecimentos especializados em áreas prioritárias para aquela unidade de ensino. Dessa forma, ao longo do tempo, o mercado de trabalho teria como referência para suas requisições específicas as áreas de concentração de ensino especializado dos centros de formação profissional, não só em cursos de pós-graduação *lato* ou *stricto sensu*, mas também na graduação.

Ressalto aqui que por razões as mais diversas é impossível a proliferação de cursos de especialização (mínimo de 360 horas), e nem há necessidade mesmo de um grande número desses cursos. O que deve existir cada vez mais são cursos rápidos de atualização, com cargas pequenas (de 20 a 60 horas), centrados em demandas específicas dos profissionais, do público-alvo ou mesmo institucionais, desde que tenham essa lógica integrada e a articulação com conhecimentos macrossocietários.

Numa versão mais otimista, poder-se-ia provocar até uma articulação entre as unidades de ensino e órgãos da categoria por cidade ou região — mediada pela Associação Brasileira de Ensino de Serviço Social (ABESS) e Conselhos Regionais de Serviço Social (CRESS) para indicação de especializações, a partir das condições objetivas das realidades locais e das habilitações do corpo docente das diferentes unidades de ensino, considerando-se as prioridades requisitadas pelos profissionais de campo.

Tenho a convicção de que esse caminho facilitaria a capacitação profissional no âmbito da formação *stricto* e *lato sensu*, atingindo alunos e profissionais da prática institucional, bem como os assistentes sociais autônomos da profissão. Além do fato de que seria uma mediação necessária da graduação com a pós-graduação nos níveis *lato* e *stricto sensu*, e, sobretudo, o mais importante, daria mais solidez à inserção dos alunos nos campos de estágios que se dá, necessariamente, em áreas específicas e, portanto, requisitantes de formação técnica especializada.

Nessa perspectiva, penso que o estágio da graduação deveria ser o mediador da formação profissional com o mercado de trabalho, constituindo-se um *pólo de investigação* que articulasse o ensino com a extensão. Ou seja, em vez da construção, por vezes, de objetos de pesquisa artificiais, por que não considerar os campos de estágios — as instituições do mercado de trabalho — como o espaço privilegiado de articulação de pesquisa, ensino e extensão?

Tal raciocínio e seus mecanismos de efetivação propiciariam o terreno da especialização de saberes e de técnicas operativas de intervenções específicas articuladas com a base generalista de conhecimentos macroscópicos sobre a estrutura e conjunturas econômico-político-institucionais de cada tempo histórico.

Identifico, a seguir, uma perspectiva concreta em que a ação profissional poderia ter esse enfoque da especialização. Destacaria um caso emblemático, o da atuação junto a crianças e adolescentes; tal área (assim caracterizada pela cultura da profissão) obteve um significativo impulso[21] a partir do Estatuto da Criança e do Adolescente, promulgado em 1990; as requisições ao Serviço Social, nesse âmbito, têm provocado uma presença marcante desse profissional também nos programas das Organizações Não-Governamentais. Mas pergunto: o atendimento a crianças e adolescentes não exigiria uma formação mais rigorosa de conhecimentos específicos da psicologia de desenvolvimento infantil, da antropologia cultural no tocante às manifestações de comportamento dos adolescentes e de suas aspirações? No caso do menor infrator, não precisaria um conhecimento do Código Penal, da sociopatologia, da criminologia, do processo de constituição de baixa auto-estima das famílias pobres etc.? Esse conjunto de questões não tem sido matéria do elenco de disciplinas do curso de Serviço Social, pelo menos como objeto de uma abordagem específica circunscrita a uma determinada área de atuação, mas é apenas tangenciada, e mesmo nas disciplinas de estágio também não tem o aprofundamento exigível.

O segundo elemento dessa capacitação integrada são as habilitações que não devem ser confundidas com especialização, o que por vezes tenho percebido no debate profissional. As habilitações devem ser um requisito imprescindível hoje a compor o tecido de formação profissional em todos os níveis, porque, inclusive, elas ultrapassam o

---

21. No Rio de Janeiro, essa área apresenta um crescimento importante na década de 90, como sinalizam os dados colhidos em 1994/1995 para atualização do Cadastro do Cress — 7ª região. Em ambos os setores (público e privado), ocupa o quarto lugar em concentração de assistentes sociais com 6,9% e 11%, respectivamente.

terreno da profissão, são exigências para respostas mais eficazes e efetivas às necessidades atuais, em todas as áreas profissionais. Necessidades essas que requisitam um profissional *propositor, formulador, articulador, gestor, implementador, negociador e equacionador*, em face dos processos de alterações na ossatura do Estado e das exigências do mercado por conta das mudanças no mundo do trabalho e, particularmente, para instrumentalizar os profissionais frente às requisições mais recentes, como, por exemplo, a de atuar nos conselhos de políticas setoriais, junto a prefeituras municipais e governos estaduais.

Tais habilidades estão postas como exigências para todas as profissões; é urgente para o Serviço Social, principalmente pela sua característica histórica de executor, majoritariamente, de políticas sociais públicas e privadas, no seu exercício profissional e, portanto, não suficientemente preparado, no seu conjunto, para responder a essas exigências atuais, sob o crivo de uma base generalista crítica que possa intervir e contrapor uma ação diversa às respostas da "questão social" de cunho fragmentado e focalista do modelo neoliberal.

Mas, para as especializações e o treinamento dessas habilidades o terreno de efetividade são os *níveis de ação*, o terceiro componente dessa capacitação integrada. Isto é, devem ser postas como horizonte de intervenção a *execução, gestão, assessoria, consultoria* e *supervisão*, como níveis específicos para centrar as orientações de capacitação, para atuar nas instituições estatais e privadas ou no exercício autônomo da profissão.

Cada uma dessas habilitações e desses níveis de ação necessita de um treinamento pontual porque implica particularidades do exercício profissional, mas que, por outro lado, só adquire sentido na perspectiva teórico-política que defendo, se esse processo de capacitação, reafirmo, se der de forma *articulada* e *integrando-se* todos esses conhecimentos específicos com a base generalista macroscópica, numa *política de capacitação* de cada unidade de ensino e/ou entidades organizativas e/ou instituições de prática profissional.

No entanto, o arco de amplitude da capacitação necessita ainda de um outro componente que são *as áreas de atuação* do Serviço Social, que precisam submeter-se ao exame aprofundado da categoria, em análise integrada com aquela sobre as condições das políticas sociais de hoje, isto é, identificar a relação dessas áreas de exercício profissional com as condições das políticas sociais setoriais, e também com as variáveis *postos de trabalho e atribuições profissionais*.

Compreender as determinações da ampliação ou a retração de postos de trabalho ou de atribuições profissionais em determinada área requer uma apreensão mais ampla de processos político-econômicos e institucionais que alteram a realidade de determinada área de trabalho. É o caso da área jurídica no Rio de Janeiro, que requisitou mais postos de trabalho para o Serviço Social via concursos públicos na década de 90, em razão das necessidades de aplicabilidade do Estatuto da Criança e do Adolescente, promulgado em 1990. Inversamente, a área previdenciária federal, que já foi uma das mais importantes e de maior organização do Serviço Social, em nível nacional, nas décadas de 70 e de 80, está em processo de extinção devido à implantação da política neoliberal brasileira.

Por outro lado, a profissão precisa ficar mais antenada com as exigências deste final de século, captando possibilidades novas para investir na capacitação profissional. É o caso da *defesa ambiental* como uma necessidade social atual e que demanda uma área de atuação interdisciplinar, a Ecologia Social, em que o assistente social pode se inserir, a exemplo de experiência em Campos Novos, interior do Estado de Santa Catarina.

Estou convencida de que a formação profissional nos níveis de graduação e pós-graduação e a reciclagem continuada dos profissionais de campo, com esse encaminhamento de articulação dos componentes de capacitação — *especialização, habilitações, níveis de atuação* e *áreas de atuação* —, sob a direção de uma base generalista histórico-crítica, têm condições para intervir mais profundamente nos objetos de intervenção. Tal abordagem propicia, inclusive, uma relação mais fluida das determinações e manifestações macroscópicas da realidade social com as particularidades dos objetos de estudo e de intervenção do Serviço Social. Enfatizo que não se trata de treinamento estanque de cada um desses componentes, mas de garantir que todos eles sejam objeto da formação profissional, de forma integrada com os conhecimentos básicos de fundamentação do Serviço Social e/ou os saberes particulares da profissão.

Como conseqüência desse enfoque de capacitação, os profissionais estarão mais credenciados para a *disputa no mercado de trabalho* com outros profissionais e, portanto, com algumas possibilidades de enfrentamento efetivo das políticas do neoliberalismo e tentando imprimir novos rumos, reatualizando sua utilidade social para os tempos pós-neoliberalismo do próximo milênio, se quisermos apostar que eles virão.

Nunca é demais relembrar que o Serviço Social é, antes de tudo, uma profissão de intervenção social e que nossa utilidade social será maior ou menor na medida em que ela possa oferecer respostas úteis às necessidades sociais, principalmente nos tempos de incertezas e desafios de hoje.

Finalizando este item, trago para o debate a questão da Emergência Social, como foco de abordagem e de ação profissional, denominada dessa maneira por apresentar uma vestimenta diversa dos tradicionais setores de *plantão social (pronto-socorro social)* das instituições estatais. O meu raciocínio é simples e direto: da mesma forma que a população necessita de emergências médicas, também precisa de *emergência social* de boa qualidade. Ela seria uma reconstrução desses *plantões* em termos de especialização de mão-de-obra técnica, do conhecimento aprofundado dos equipamentos sociais de cada realidade espacial, da criação de mecanismos de mobilização de recursos e da formulação de estratégias de acesso aos mesmos. Acho que essa seria uma inovação no trato da "questão social" e poderia tornar-se alvo de investimento para a academia e/ou entidades da categoria.

Por esse atendimento emergencial trafegam também os migrantes da zona rural e de outros municípios do próprio Estado e de outros, fornecendo uma fonte riquíssima de conhecimento da população majoritariamente público-alvo do Serviço Social. Tal conhecimento poderia ser objeto de várias possibilidades para o trato profissional em termos de objetos de investigação, como campo de estágio, subsídios para a proposição e formulação de políticas sociais, base para elaboração de mapas de pobreza e exclusão social da região geográfica envolvida, bem como manancial para denúncias sobre as respostas às refrações da "questão social" pelos diferentes governos estaduais e municipais; enfim, como uma fonte geradora de aproximação cultural dos assistentes sociais com a população.

Com essa perspectiva de abordagem da emergência social, o produto dessa atuação profissional constituiria subsídios básicos como mediações para outros programas da instituição campo de trabalho, em termos de qualificação para a filtragem das demandas sociais, de conhecimento da população-alvo, de adequação de metodologias de ação, de racionalização dos recursos, enfim, de uma resposta mais efetiva do Serviço Social às requisições específicas de cada área de atuação e até de cada local de trabalho.

Em suma, o que estou defendendo é que a Emergência Social tenha a estrutura e a estatura de um *programa institucional*, tendo como particularidade, além do pronto atendimento, também a capacitação e a filtragem de demandas e de conhecimento da população-alvo, atividades essas a serem executadas de forma competente, constituindo-se em matéria-prima e terreno fértil para a pesquisa, o estágio acadêmico e a ação profissional.

Nessa perspectiva, a profissão recusar-se-ia a atribuir a essa atividade tão-somente a condição de pronto-socorro social ou de triagem, superando a ação focalista e descolada do conjunto das atividades institucionais de cada área de trabalho.

Penso que esta não é uma questão já superada e suficientemente enfrentada pelo movimento de mudança da profissão em todas as suas dimensões, ao longo desses vinte anos.

A partir desse enfoque da emergência social, seria impresso um sentido novo ao *caráter assistencial* da profissão, além de constituir-se em excelente possibilidade para a capacitação. Afinal, uma redefinição da formação profissional e da função social do Serviço Social implica assumir definitivamente que essa é a profissão por excelência da assistência social, mesmo que ela possa estender um pouco sua atuação a setores das camadas médias. Vale afirmar que para o Serviço Social adquirir o estatuto de profissão reconhecida socialmente é preciso que ele seja competente e inovador naquilo que é sua precípua função e utilidade social, isto é, contribuir para o enfrentamento das refrações da "questão social", principalmente em sociedades excludentes como a nossa, em que a emergência social é uma premência e precisa ser bem-feita. A quem caberia essa função senão ao Serviço Social? Por que não assumir essa condição da forma mais competente?

3.4. A Categoria "Função" e "Utilidade Social da Profissão"

A quarta e última categoria de análise é a *função/utilidade social da profissão*, hoje diante das suas possibilidades de redimensionamento. Essa temática talvez seja das que mais suscitam polêmicas, em razão das diferentes compreensões pelos agentes profissionais sobre a natureza do Serviço Social.

Afinal, para que serve hoje o Serviço Social na sociedade? É imprescindível a sua existência? Se deixar de ser uma profissão majoritariamente institucionalizada, notadamente no setor estatal, como é ainda hoje, terá possibilidade de sobreviver? Considerando que o Serviço Social é, na sua trajetória, por excelência, a profissão da assistência social, qual o seu futuro em termos de *status* profissional em face da refilantropização da assistência na atualidade? A extensividade do Serviço Social para uma atuação mais ampla junto às camadas médias implicaria ampliar o embrião existente de autonomia da profissão? Esta seria uma das saídas para o Serviço Social, ou para uma profissão como esta, historicamente institucionalizada na sua ampla maioria, não há essa possibilidade? Que devem fazer os profissionais opositores ao projeto neoliberal: investir nas alternativas que esse projeto sinaliza para o social; colocar-se simplesmente contra, incrementando estratégias de denúncia, ou também investir em novos rumos para a profissão nos espaços possíveis vislumbrados?

Para essa discussão, acho pertinente referenciá-la com as funções sociais captadas pela Classificação Brasileira de Ocupações do Ministério do Trabalho (1994:105-106) que, salvo melhor juízo, retratam, nesse particular, o exercício profissional na sua ampla maioria:

> "Os trabalhadores desse grupo de base prestam serviços de âmbito social a indivíduos, famílias e grupos comunitários, orientando ou realizando ações adequadas à solução dos problemas e dificuldades surgidas em seu campo de atuação. Suas funções consistem em: analisar as causas de desajustamentos sociais, para estabelecer planos de ação capazes de restabelecer a normalidade de comportamento dos indivíduos ou de grupos, visando à remoção de dificuldades de ordem pessoal ou social; planejar e dirigir programas de serviço social em diferentes áreas profissionais, como educação, saúde, trabalho e outros, atuando em estabelecimentos específicos dessas áreas, como escolas, hospitais, empresas ou junto a comunidades sociais".

Em que pese a compreensão do caráter contraditório da prática profissional, à luz de outras pretensões de função social, o conhecimento acumulado sobre a profissão, oriundo de minhas múltiplas inserções na categoria, inclusive como assistente social durante treze anos em algumas instituições estatais, bem como de minhas investigações, amparam-me no sentido de supor que essas funções "oficiais", de fato, são verdadeiras. Quer dizer, a base da natureza dessas funções está na constitucionalidade histórica da profissão como prática basicamente institucionalizada até os dias atuais, institucionalidade essa que representa limites concretos para o desempenho de funções sociais diversas das determinadas pelos órgãos públicos e privados. O exercício de uma profissão na condição de autonomia profissional favorece, sem dúvida, a constituição de funções sociais mais afetas aos projetos socioprofissionais de seus agentes.

Deixo claro que limites não significam impossibilidades e, mais ainda, que essa minha posição nada tem a ver com a visão reducionista do espaço institucional que o Movimento da Reconceituação incorporou durante uma fase de sua existência. Até porque publiquei um trabalho[22] com a compreensão contrária àquela concepção. Isto posto, a partir dessa referência sobre funções sociais da profissão, é que se pode refletir a respeito da utilidade social do Serviço Social nessa conjuntura de crise e de redimensionamento.

Penso que a ação profissional é, no momento, o que de mais difícil foi posto aos segmentos da profissão adversários do neoliberalismo, comparado com outros entraves de sua trajetória histórica. Como remar na maré com remos contrários ao porto anunciado de chegada? Eu não estou entre os que simplificam tal caminhada. Vejamos por quê. Vislumbrei um pouco atrás algumas possibilidades para o exercício de nossas funções sociais, mas há empecilhos substantivos para sua exeqüibilidade.

Esses empecilhos, a meu ver, são mais difíceis de serem enfrentados, também por razões de ordem interna da profissão, além das determinações externas, ou seja, as características que conformam hoje o perfil profissional são limitadoras para viabilizar as intervenções concretas da profissão com outras funções sociais. Mas essa não é uma posição derrotista nem apregoadora de portas fechadas e de

---

22. Em 1982 foi publicado pela Cortez o meu livro *A prática institucionalizada do Serviço Social: determinações e possibilidades*, que defendia a concepção das instituições e empresas, campos do exercício profissional, como espaços contraditórios, portanto, permeáveis aos interesses das classes subalternas.

túneis sem luz; é uma análise necessária, dolorosa, mas creio que verdadeira, sob um olhar profissional de quem aposta que só passando por esses ritos analíticos a profissão vai ser capaz de chegar ao outro lado da ponte porque o enfrentamento de nossas verdades internas é o primeiro passo para vislumbrarmos outros caminhos.

Em síntese, o "nó górdio" não são as impossibilidades de desvelamento do real, nem apenas as perspectivas de construção de saídas profissionais, mas também localiza-se no terreno da capacitação teórico-instrumental do conjunto da profissão, capaz de subverter a ordem da ação profissional atual, fazendo brotar uma intervenção social profissional que reatualize as suas funções sociais e utilidade social na realidade de hoje, na ótica de um projeto societário adverso ao neoliberalismo.

Portanto, quando me detenho nas exigências de perfil profissional respondente às necessidades e demandas sociais atuais, de *gestor social*, por exemplo, e me deparo com as características históricas da formação e do exercício profissional de execução terminal de políticas sociais, vejo que a transição de um papel para outro requer um tempo histórico, de médio a longo prazo, que contrasta com a rapidez das respostas exigidas para o tempo de mudanças aceleradas que vivemos. Daí que, na disputa de mercado pela via dos perfis profissionais, como já sinalizei anteriormente, a profissão está em desvantagem, em comparação com outras na esfera social, para se credenciar rapidamente às possibilidades de novas funções sociais. Portanto, o processo de capacitação precisa de agilidade para que não se atravanquem, mais ainda, as perspectivas de novas interferências da profissão no cenário social atual.

CONSIDERAÇÕES FINAIS

Na Introdução deste trabalho demonstrei as determinações do meu objeto, fazendo a remissão histórica aos determinantes da crise do capitalismo da década de 70 e as respostas do capital para sua resolutividade através do projeto neoliberal, tendo como corolário o mercado como o grande regulador das relações sociais e a acumulação flexível como a nova forma de acumulação capitalista.

No decorrer do processo de investigação teórica, identifiquei as expressões econômico-sociais da resposta neoliberal em âmbito internacional e na América Latina, nos países onde instalaram-se governos sob a orientação dessa doutrina, demonstrando o crescimento da pobreza e da exclusão social com o recrudescimento de indicadores, resultantes da concentração de renda nas elites da burguesia desses países.

Como ficou evidenciado, em razão da minha primeira hipótese, foi necessário compreender a noção de *crise* à luz da teoria histórico-crítica para que eu pudesse tecer análises da crise do Estado e do redesenho de um novo Estado, bem como da crise do Serviço Social, decorrentes da crise global capitalista. Ao mesmo tempo, era imprescindível focalizar as particularidades dessa crise no Brasil, chegando à década de 80 com o que se denominou de o colapso do crescimento econômico da época do milagre dos anos 70.

Contudo, essa passagem de uma etapa para outra não foi feita de maneira linear, mas esteve sujeita a tensões e conflitos de interesse das classes (e frações) sociais, em confronto na dinâmica dos diferentes processos sociais que compõem o tecido social. Daí a transição democrática brasileira ter sido resultante das lutas sociais da sociedade por meio do protagonismo de novos sujeitos coletivos — os movimentos sociais, o sindicalismo classista e os partidos políticos.

Também pude identificar que, nos anos 90, o Brasil vivenciava a construção das respostas a essa crise global por intermédio de políticas de ajuste neoliberais definidas pelo grande capital para países periféricos, bem como os efeitos da implantação da reestruturação produtiva (acumulação flexível), o novo modelo de acumulação capitalista.

Como meu objeto de pesquisa pressupunha o trato da "questão social" como problema teórico, foi necessário situar a compreensão sobre a mesma com as posições de pensadores de envergadura internacional, de modo a referenciar as expressões da questão social dessa conjuntura atual e as correspondentes respostas institucionais, no espaço estatal, dos governos neoliberais para o seu enfrentamento.

Pude comprovar, por dados oficiais colhidos em textos e na imprensa nacional, as expressões socioeconômicas que atestam como as resoluções do *Consenso de Washington* dos governos centrais estão sendo implantadas no Brasil. Assim, à estabilização da moeda seguem-se os projetos de reforma do Estado, em especial a privatização das empresas estatais e as reformas Administrativa, da Previdência Social e da Legislação Trabalhista, que evidenciam as metas de privatização da Previdência, da flexibilização das relações de trabalho e de refilantropização da assistência — esta última por meio da criação da Comunidade Solidária e da institucionalização do voluntariado. Em síntese, está em curso o processo de desregulamentação estatal significando, de fato, o processo de desconstrução dos direitos sociais, conquistados em décadas passadas e ampliados na Constituição de 1988. Com a reeleição de Fernando Henrique Cardoso, em 1998, e da maneira como se deu, em primeiro turno, é previsível que o neoliberalismo se aprofunde, em que pese a sua fragilidade a partir de agora, no bojo desta nova crise internacional do capitalismo, com evidências do fracasso do Consenso de Washington, cujas conseqüências econômico-sociais apontam para um gravíssimo quadro social com previsões as mais sombrias, sobretudo nos países periféricos como o Brasil.

O que os dados colhidos pelo meu estudo na realidade atual brasileira demonstram é que o preço social é muito alto para a integração do Brasil no mundo globalizado, com uma política de câmbio sobrevalorizada levando ao aumento do déficit da balança comercial e com altas taxas de juros que estão provocando o baixo crescimento econômico, redução do consumo interno, preservando a renda da propriedade e achatando a renda do trabalho, além do aumento crescente das dívidas interna e externa. Tais políticas econômicas resultam na baixa competitividade do Brasil frente ao mundo desenvolvido e estão provocando o crescimento do desemprego em todos os setores da economia.

De posse das conclusões dessa investigação teórico-documental sobre a crise capitalista e implantação do neoliberalismo, no nível histórico-universal, e suas expressões na realidade brasileira que constituíram o substrato da primeira e segunda hipóteses deste meu trabalho, pude comprovar no interior do Serviço Social a configuração e expressão de sua crise particular, enquanto profissão atrelada basicamente, na sua ampla maioria, à institucionalidade estatal.

A equação dessa vinculação da profissão ao Estado se expressa do seguinte modo: se o Serviço Social se constituiu como executor de políticas sociais estatais, e se estas estão em processo de redução, configurou-se uma crise de sua materialidade, considerada esta como a base da objetivação dessa profissão no âmbito do Estado. É a essa conjuntura da profissão que chamei de crise da materialidade do Serviço Social, isto é, a crise da prestação de serviços sociais pelas políticas sociais estatais, matéria-prima do exercício da prática do Serviço Social nas instituições do Estado.

A terceira hipótese do meu estudo, construída a partir desse pressuposto, foi confirmada pelos estudos teóricos e pelos resultados da pesquisa empírica que a fundamenta. Baseada nas categorias e itens dessa pesquisa, construí um caminho de análise que respondesse ao recorte do objeto deste trabalho restrito ao setor estatal, e, dessa maneira, pude pinçar também outras evidências que comprovam a crise da materialidade do Serviço Social à luz do raciocínio da segunda hipótese de que, para além da redução de gastos sociais, há elementos extra-econômicos que compõem as estratégias de desmontagem do Estado brasileiro e de implantação do novo Estado Mínimo da doutrina neoliberal. Ainda que nosso Estado não tenha se constituído em um *Welfare State*, formou-se inspirado em aspectos desse Estado dos países centrais.

Assim, o reordenamento do Estado em curso e o desmantelamento das políticas sociais estatais estão imprimindo alterações na inserção institucional do Serviço Social, na absorção de profissionais dessa área e nas suas condições de trabalho. Dessa forma, está havendo a flexibilização das relações contratuais, e que vem a provocar rotatividade de emprego, multiplicidade dos vínculos de trabalho e níveis salariais reduzidos. Também, como fato recente, temos a ocorrência de jornada de trabalho de tempo parcial e a contratação de terceiros para a realização do trabalho social também nas instituições estatais, o que evidencia a política de desregulamentação das relações de trabalho e a redução de encargos trabalhistas e sociais chegando ao âmbito do Estado.

Ao lado dessas condições, destaca-se a redução acentuada de postos de trabalho ou, pelo menos, a manutenção do quantitativo existente, uma vez que o que está havendo, basicamente, é a substituição de postos, configurando a rotatividade que acusei anteriormente.

"Além disso, as ações demandadas ao Serviço Social referem-se a segmentos populacionais cada vez mais diversificados, incluídos, por sua vez, em programas sociais ainda mais fragmentados por público-alvo, por áreas de políticas sociais e por problemáticas específicas seccionados neste âmbito (...) A prática recorrente de flexibilização nos Órgãos Estatais interfere na dinâmica do mercado de trabalho que envolve o espaço público e o privado e nas formas de alocação desses profissionais para implementação das políticas sociais" (Serra, 1998:157-158).

Por outro lado, pelo que foi apurado na pesquisa, as demandas ao Serviço Social no espaço estatal ainda guardam a feição predominante de sua existência historicamente construída até o presente, não se apontando, ainda, alterações substantivas nas requisições à profissão.

A conseqüência desse quadro é que a "questão social" de hoje aumenta as demandas sociais ao Estado que na esfera federal, pela via da lógica da descentralização, remete aos níveis estadual e municipal as soluções para as refrações da "questão social" que, por sua vez, estão imprimindo cada vez mais políticas de focalização e segmentação dos serviços prestados à população.

Daí as estratégias de relação Estado-sociedade definidas pelos governos neoliberais pretenderem transferir para a sociedade a maior parte das responsabilidades com a "questão social", entre elas a criação das "organizações sociais" como parte da nova estrutura do Estado proposta na reforma do mesmo. Elas deverão ser responsáveis pela gestão das políticas sociais na condição de "organizações públicas não estatais", que, em conjunto com o chamado Terceiro Setor, em especial as ONGs (incluindo-se aqui a filantropia empresarial), executarão políticas que hoje estão sob a égide do Estado, ou seja, configurarão "a intervenção do privado na área social", como a mais pura expressão da lógica neoliberal.

Como ficará o Serviço Social? Considero que as análises dessa questão devem ter em vista algumas possibilidades.

No tocante à inserção do Serviço Social na esfera federal no Estado do Rio de Janeiro (e provavelmente em outros estados), penso que será difícil a reversão das atuais condições de trabalho que estão se instalando, em consonância com as metas neoliberais, em particular, a reforma do Estado com a criação das organizações sociais, conforme analisei no Capítulo III.

No Estado do Rio de Janeiro, a aliança PDT/PT, que obteve a vitória nas eleições para o governo estadual, em 1998, a princípio apontaria um horizonte favorável para a interrupção das atuais políticas neoliberais da administração de Marcelo Alencar, e para o atendimento social a possibilidade de uma ação mais eficaz. No entanto, não há nenhuma garantia dessa perspectiva; só o futuro demonstrará.

De todo modo, seja tanto no nível federal quanto no estadual, não creio que o Estado que foi gestado e sedimentado historicamente possa ser defensável, ou seja, com os seus traços constitutivos como o clientelismo, o fisiologismo, o corporativismo, a corrupção, o autoritarismo, suas estruturas burocráticas centralizadoras e a ausência efetiva de mecanismos de controle público. Portanto, a derrota do neoliberalismo implica a gestão de um outro Estado diferente desse que está ruindo, que possa executar a regulação econômica para garantir melhores níveis de reprodução social das camadas subalternas; que no campo social assegure a proteção social com políticas sociais de corte universalista e no campo institucional, a criação de mecanismos formais de gestão e controle públicos com a participação da sociedade civil organizada.

Acredito que a cultura da nossa profissão contém marcas que lhe conferem um papel relevante na contribuição para a formação, composição e funcionalidade desse novo Estado com um assento importante, desde que se capacite para exercer essas novas funções sociais como prática profissional do social capaz de estatuir uma nova utilidade social, em consonância com os novos tempos dessa revolução informacional.

O que apreendo frente a essas mudanças atuais, de toda ordem, é que essa modalidade de prática do Serviço Social de mediador da *prestação de serviços sociais*, no âmbito estatal, poderá não ter mais sustentação e penso que não deveria ser mais o horizonte de nossa ação profissional. Com os avanços tecnológicos advindos da reestruturação produtiva e da era informacional, a população em breve não precisará de intermediários para o acesso a serviços sociais, pelo menos da maneira como atualmente ocorre. Sem dúvida, os mecanismos de concessão de direitos tenderão a se modernizar, e a minha percepção é que a participação do Serviço Social poderia centrar-se não mais na mediação dos serviços sociais, mas na formulação, gestão e controle desses serviços nos órgãos estatais, contribuindo para a criação de mecanismos na relação do Estado com a sociedade civil na produção do público, na perspectiva da gestão dos fundos públicos, participando da criação de mecanismos de orçamentos participativos e dos conselhos municipais de gestão das políticas sociais.

Ressalto que essa perspectiva precisa ser tratada como a meta de ação básica da profissão, e não como atuação restrita e pontual, como ocorre hoje. Quer dizer, deve-se buscar inverter a rota historicamente predominante do exercício profissional com um maciço investimento da profissão na capacitação profissional nessa direção.

Por outro lado, é também pertinente lembrar que esses princípios e mecanismos — gestão dos fundos públicos, orçamentos participativos, conselhos municipais de políticas públicas e outros instrumentos similares — expressam as lutas dos segmentos democráticos brasileiros ao longo desses últimos vinte anos e que se consubstanciaram na Constituição de 1988.

Na verdade, o que estou propondo é que o eixo de investimento da capacitação profissional no setor estatal seja a esfera municipal para onde poderão caminhar, a meu ver, as intervenções de cunho social nos próximos tempos, porque o instituto de descentralização administrativa é uma perspectiva cada vez mais adequada às mudanças atuais, apontando-se, todavia, que a descentralização em si mesma não garante a efetivação dos princípios de cidadania e democracia participativa, definidos na Constituição de 1988. Portanto, de acordo com a direção social impressa na ação profissional, a descentralização poderá ter o formato mais pertinente para operar as estratégias de gestão e de controle público de novas políticas estatais e/ou privadas a serviço da cidadania social.

Finalizando, com base nessas proposições e análises aqui realizadas, ressalto que a realidade identificada na pesquisa empírica confirmou as três principais inserções do assistente social no mercado e uma quarta com ínfima expressão até o presente.[1]

A primeira no setor estatal, com as características historicamente de mediação na prestação de serviços sociais das políticas sociais no âmbito das chamadas instituições públicas, em processo de redução de sua institucionalização com a transferência desses serviços para o setor privado, inserção esta objeto do presente trabalho.

A segunda, no setor empresarial estatal e privado, também em período de mudança de suas funções tradicionais de executor de programas de benefícios, os chamados salários indiretos (alimentação, transporte, educação, saúde) que em função do novo movimento sindical da década de 80 foram gradativamente absorvidos nos acordos coletivos de trabalho, afetando essa função exercida pelo Serviço Social, e também em razão da terceirização, estratégia do capital para a redução de custos que esvaziou também essas políticas sociais empresariais que demandavam a contratação de assistentes sociais. Tal realidade está provocando a transição do Serviço Social para outras funções no âmbito de recursos humanos, disputadas diretamente com outras áreas como a psicologia, a educação, a administração de empresas e outras.

A terceira, no setor privado sem fins lucrativos ou terceiro setor, inclui um amplo leque: da filantropia, ONGs, entidades de serviços de educação, saúde etc., entidades patronais (Sesi, Sesc, Senai, Senac), religiosas e até da categoria profissional. Alguns destes setores, em especial as ONGs, são considerados "parceiros" ou substituido-

---

1. A inserção na docência não foi objeto da pesquisa porque esta tratou do mercado de trabalho do assistente social, não incluindo a atividade de professor de Serviço Social, em particular.

res da ação estatal, prestando serviços sociais a públicos-alvo carentes ou excluídos do mercado de trabalho ou entidades que atendem aos segmentos de camadas médias, principalmente na área da educação, saúde privada e reabilitação profissional.

A quarta inserção é a atuação do Serviço Social na autonomia profissional de consultórios de terapia familiar e atividades de consultoria, assessoria ou supervisão a profissionais, inserção essa com um índice ainda sem nenhuma repercussão na profissão,[2] mas que talvez possa crescer em razão da terceirização, sobretudo no setor das empresas privadas.

O que precisa vir à tona é que uma profissão que trata da pobreza, da assistência social, não pode ter a expectativa da devida importância e reconhecimento social em uma sociedade excludente, injusta, desigual como a nossa, onde o social sempre foi colocado à margem das prioridades estatais.

No entanto, apesar dessa sinalização social, penso que a profissão deve investir todo o potencial de seus quadros na capacitação continuada, visando obter na sua intervenção o máximo de efetividade social dentro do mínimo possível, por vezes, de suas possibilidades reais.

Nessa ótica, no espaço da formação profissional, os currículos serão um componente importante desse processo como ferramenta instrumentalizadora da formação no bojo de um projeto político pedagógico, e não como um recurso mágico e voluntarista de implantação de uma direção social determinada.

Em síntese, o Serviço Social só melhorará sua *performance* como conjunto, como categoria profissional, se for capaz de instrumentalizar seus agentes profissionais para responder com competência e comprometimento aos interesses da população, às necessidades e demandas sociais, à luz da teoria crítica, e em consonância com a natureza e limites de (sua) prática profissional. Prática essa que se admite em permanente desafio em face da sua pretensão de se opor a essa ordem (im)posta e contribuir para a construção de uma nova sociedade.

---

2. Para se ter uma noção mais precisa dessa inserção da profissão, dos respondentes ao questionário de atualização do Cadastro do Cress — 7ª região, do total de 3015 de assistentes sociais que estavam no mercado de trabalho no Estado em 1995/1996, apenas cinco eram autônomos (igual a 0%), conforme consta em páginas anteriores deste livro.

BIBLIOGRAFIA

1. Livros e Artigos de Revistas

ABESS — Associação Brasileira de Ensino de Serviço Social e CEDEPSS — Centro de Documentação e Pesquisa em Políticas Sociais e Serviço Social. "Proposta básica para o projeto de formação profissional". In: *Serviço Social & Sociedade*, nº 50. São Paulo, Cortez, abr. 1996, pp. 143-171.

_____. Diretrizes gerais para o Curso de Serviço Social (com base no currículo mínimo aprovado em Assembléia Geral Extraordinária de 8 de novembro de 1996). *Cadernos Abess*, nº 7. São Paulo, Cortez, nov. 1997, pp. 58-76.

ABRAMIDES, Maria Beatriz C. *Desafios teóricos e políticos do Serviço Social no contexto do neoliberalismo*. São Paulo, 1995, mimeo.

ABRANCHES, S. H. *Os despossuídos: crescimento e pobreza no país do milagre*. Rio de Janeiro, Zahar, 1985.

_____. et alii. *Política social e combate à pobreza*. Rio de Janeiro, Zahar, 1994.

AGLIETTA, Michel. *Regulacyón y crisis del capitalismo*. Madri, Siglo XXI, 1979.

ALMEIDA, M. H. & SORJ, B. *Sociedade e política no Brasil pós-64*. São Paulo, Brasiliense, 1988.

ALVES, Maria Helena M. *Estado e oposição no Brasil — 1964/1984*. Petrópolis, Vozes/Ed. Unicamp, 1989.

ANTUNES, Ricardo. *Adeus ao trabalho? Ensaio sobre as metamorfoses e a centralidade do mundo do trabalho*. São Paulo, Campinas; Cortez, Ed. Unicamp, 1995.

ANTUNES, Ricardo. *A rebeldia do trabalho*. São Paulo, Ensaio/Unicamp, 1988.

AURELIANO, Liana & DRAIBE, Sonia M. A especificidade do "Welfare State" Brasileiro. *Economia e Desenvolvimento*, vol. 1, n° 3. Brasília, MPAS/Cepal, 1989, pp. 86-178.

BAYMA, Fatima et alii. O privado a serviço do público: Terceiro Setor e o Movimento Viva Rio. *Revista de Administração Pública*, n° 29. Rio de Janeiro, Fundação Getúlio Vargas, out.-dez. 1995, pp. 182-193.

BEHRING, Elaine. A nova condição da política social. Revista *Em Pauta*, n° 10. Rio de Janeiro, FSS/UERJ, 1997, pp. 9-49.

BELLUZZO, L. G. de M. & COUTINHO, R. (orgs.). *Desenvolvimento capitalista no Brasil: ensaios sobre a crise*. São Paulo, Brasiliense, 1982.

BENJAMIN, César. Reforma, nação e barbárie. *Revista Inscrita*, n° 1. Brasília, Conselho Federal de Serviço Social, nov. 1997, pp. 7-12.

BLACKBURN, R. (org.). *Depois da queda: o fracasso do comunismo e o futuro do socialismo*. Rio de Janeiro, Paz e Terra, 1992.

BOBBIO, Norberto. *A era dos direitos*. Rio de Janeiro, Campus, 1992.

BOGUS, Lúcia & PAULINO, Ana Y. (orgs.). *Políticas e emprego, políticas de população e direitos sociais*. Campinas, Educ, 1997.

BORGES, Angela & DRUCK, Maria da Glória. Crise global, terceirização e a exclusão do mundo do trabalho. *Caderno CRH*, n° 19. Salvador, UFBA, jul./dez. 1993, pp. 22-45.

BORÓN, Atílio A. *Estado, capitalismo e democracia na América Latina*. Rio de Janeiro, Paz e Terra, 1994.

BOYER, R. *A teoria da regulação*. São Paulo, Nobel, 1990.

BRANCO, Francisco. Crise do Estado-previdência, universalidade e cidadania: um programa de ação e investigação para o Serviço Social. *Serviço Social & Sociedade*, n° 41. São Paulo, Cortez, abr. 1993.

BRAVERMAN, Harry. *Trabalho e capital monopolista: a degradação do trabalho no século XX*. Trad. de Nathanael C. Caixeiro. Rio de Janeiro, Editora Guanabara, 1987.

BRUNHOFF, Suzanne de. *A hora do mercado: crítica do liberalismo*. São Paulo, Unesp, 1991.

_____. *Estado e capital: uma análise da política econômica*. Rio de Janeiro, Forense Universitária, 1985.

CABRAL, Maria do Socorro & DOMINGUES, Sérgio. A Previdência Social e a revisão constitucional. *Revista Serviço Social & Sociedade*, n° 44. São Paulo, Cortez, 1994, pp. 135-140.

CAMPOS, Iris W. O desafio de gerar empregos. *Gazeta Mercantil: balanço anual 97*, n° 21. São Paulo, Gazeta Mercantil, out. 1997.

CARDOSO, Isabel et alii. Proposta básica para o projeto de formação profissional: novos subsídios para o debate. *Cadernos Abess*, n° 7. São Paulo, Cortez, nov. 1997, pp. 15-57.

CARNOY, Martin. *Estado e teoria política*. Campinas, Papirus, 1988.

CASTEL, Robert. *As metamorfoses da questão social — uma crônica do salário*. Trad. de Iraci D. Poleti. Petrópolis/Rio de Janeiro, Vozes, 1998.

CASTRO, Alba T.B. A assistência na evolução do modelo de proteção social no Brasil. *Revista Em Pauta*, n° 9. Rio de Janeiro, FSS/UERJ, nov. 1996, pp. 89-97.

CEZAR, Monica. A reestruturação industrial e as políticas de recursos humanos: um estudo de caso no setor químico. *Revista Em Pauta*, n° 9. Rio de Janeiro, FSS/UERJ, nov. 1996, pp. 31-63.

CHOMSKY, Noam. *Novas e velhas ordens mundiais*. São Paulo, Scritta, 1996.

CIGNOLLI, A. *Estado e força de trabalho*. São Paulo, Brasiliense, 1985.

CLARKE, Simon. Crise do fordismo ou crise da social democracia? *Lua Nova*, n° 24. São Paulo, Cedec/Marco Zero, set. 1991, pp. 117-150.

COSTA, Suely G. *Signos em transformação: a dialética de uma cultura profissional*. São Paulo, Cortez, 1995.

DAGNINO, E. (org.). *Anos 90. Política e sociedade no Brasil*. São Paulo, Brasiliense, 1994.

DAIN, Sulamis. O financiamento das políticas sociais no Brasil: características estruturais e desempenho no período recente. In: Brasil. *Economia e Desenvolvimento*, n° 4, vol. 2, Financiamento das políticas sociais no Brasil. Brasília: MPAS/Cepal, 1989a.

_____. A crise da política social: uma perspectiva comparada. *Economia e Desenvolvimento*, n° 3, vol. I, Reflexões sobre a natureza do bem-estar. Brasília, MPAS/Cepal, 1989b.

_____. Financiamento da seguridade social. A Previdência Social e a revisão constitucional. *Debates*, vol. 2. Brasília, MPA/Cepal, 1994.

DRAIBE, Sonia M. O *Welfare State* no Brasil: características e perspectivas. *Revista Brasileira de Ciências Sociais*/Anpocs. São Paulo, 1988.

_____. As políticas sociais brasileiras: diagnósticos e perspectivas. In: *Prioridades e perspectivas de políticas públicas*. Coleção para a década de 90. Brasília, Ipea/Iplan, 1990.

_____. As políticas sociais e o neoliberalismo. *Revista USP — Dossiê Liberalismo/Neoliberalismo*, n° 17. São Paulo, mar./abr., 1993, pp. 86-10.

DRAIBE, Sonia M.& HENRIQUE, W. Welfare State, crise e gestão da crise: um balanço da literatura internacional. *Revista Brasileira de Ciências Sociais*/Anpocs, vol. 3, nº 6. São Paulo, 1988, pp. 53-78.

ESPING-ANDERSEN, G. As três economias políticas do *Welfare State*. *Lua Nova*, nº 24. São Paulo, Cedec/Marco Zero, set. 1991.

FALEIROS, Vicente de P. *A política social do Estado capitalista*. As funções da previdência e assistência sociais. São Paulo, Cortez, 1980.

_____. Previdência Social e sociedade em período de crise. In: FIGUEIREDO, Wilma de M. (coord.). *Cidadão, Estado e políticas no Brasil contemporâneo*. Brasília, Editora da UnB, 1986.

_____. Previdência Social e neoliberalismo. *Universidade & Sociedade*, nº 6. Brasília, Andes, fev., 1994.

_____. Serviço Social: questões presentes para o futuro. *Serviço Social & Sociedade*, nº 50. São Paulo, Cortez, abr. 1996, pp. 9-39.

FERNANDES, Florestan. *A Nova República?* Rio de Janeiro, Zahar, 1985.

_____. *A revolução burguesa no Brasil; ensaio de interpretação sociológica*. Rio de Janeiro, Guanabara, 1987.

FILHO, Gisálio Cerqueira. *A "questão social" no Brasil*. Rio de Janeiro, Civilização Brasileira, 1982.

FIORI, José Luís. *Em busca do dissenso perdido:* ensaios críticos sobre a festejada crise do Estado. Rio de Janeiro, Insight, 1995a.

_____. Estado de Bem-Estar Social. Padrões e crises. *Série: Texto para Discussão*, nº 340. Rio de Janeiro, Instituto de Economia Industrial/ UFRJ, 1995b.

FISHLOW, A. A economia política do ajustamento brasileiro aos choques do petróleo: uma nota sobre o período 74/84. *Pesquisa e Planejamento Econômico do Rio de Janeiro*, vol. 16, nº 5. Brasília, Ipea, 1988.

FLEURY, Maria Tereza & FISCHER, Rosa M. (coords.). *Processo e relações do trabalho no Brasil*. São Paulo, Atlas, 1987.

FORRESTER, Viviane. *O horror econômico*. São Paulo, Editora Unesp, 1997.

FRANCISCO, Elaine M. V. Reestruturação empresarial no Estado do Rio de Janeiro e suas inflexões sobre o campo da proteção social na força de trabalho. *Revista Em Pauta*, nº 9. Rio de Janeiro, FSS/UERJ, nov. 1996, pp. 9-29.

_____. O processo de reestruturação produtiva e as demandas para o Serviço social. *Revista Em Pauta*, nº 10. Rio de Janeiro, FSS/UERJ, 1997. pp. 51-57.

FREITAS, Marcos C. (org.). *A reinvenção do futuro: trabalho, educação, política na globalização no capitalismo*. São Paulo, Cortez, 1996.

FRIEDMAN, Milton. *Capitalismo e liberdade*. São Paulo, Abril Cultural, 1984. (Coleção Os Economistas.)

GILL, Louis. As transformações econômicas no Leste. In: NÓVOA, Jorge (org.). *História à deriva, um balanço de fim de século*. Salvador, UFSA, 1993.

GOUGH, I. *Economia política del Estado del bienestar*. Madri, H. Blume Ediciones, 1982.

GRAMSCI, Antonio. Americanismo e fordismo. In: *Maquiavel, a política e o Estado Moderno*. Rio de Janeiro, Civilização Brasileira, 1968.

GUERRA, Yolanda. *A institucionalidade do Serviço Social*. São Paulo, Cortez, 1995.

HARVEY, David. *Condição pós-moderna*. São Paulo, Loyola, 1993.

HELLER, Agnes. *Teoría de las necesidades, en Marx*. Barcelona/Espanha, Peninsula, 1986.

HIRSCHMAN, Albert. *A retórica da intransigência: perversidade, futilidade e ameaça*. São Paulo, Companhia das Letras, 1992.

_____. Adeus a tudo aquilo. In: BLACKBURN, R. *Depois da queda*. Rio de Janeiro, Paz e Terra, 1993.

HOBSBAWM, Eric. *Era dos extremos: o breve século XX — 1914-1991*, São Paulo, Companhia das Letras, 1995.

IAMAMOTO, Marilda V. & CARVALHO, Raul de. *Relações sociais e Serviço Social no Brasil*. São Paulo, Cortez, 1982.

_____. *Renovação e conservadorismo no Serviço Social: ensaios críticos*. São Paulo, Cortez, 1994.

_____. *A formação profissional na contemporaneidade: dilemas e perspectivas*. Fortaleza, XVIII ERESS, abr. 1995, mimeo.

IANNI, Octavio. *A ditadura do grande capital*. Rio de Janeiro, Civilização Brasileira, 1981.

_____. *A sociedade global*. Rio de Janeiro, Civilização Brasileira, 1992.

_____. *Teorias da globalização*. Rio de Janeiro, Civilização Brasileira, 1995.

_____. O mundo do trabalho. In: FREITAS, Marcos C. de (org.). *A reinvenção do futuro*. São Paulo, Cortez, 1996.

JACOBI, Pedro. *Movimentos coletivos no Brasil urbano*. Rio de Janeiro, Paz e Terra, 1986.

_____. *Movimentos sociais e políticas públicas*. São Paulo, Cortez, 1993.

JAGUARIBE, Hélio. *Sociedade e política; um estudo sobre a atualidade brasileira*. Rio de Janeiro, Zahar, 1985.

_____. et alii. *Brasil, 2000*. Rio de Janeiro, Paz e Terra, 1986.

KARSCH, Úrsula M. S. *O Serviço Social na era dos serviços*. São Paulo, Cortez, 1987.

KEYNES, John. M. *Teoria geral do emprego, do juro e do dinheiro*. São Paulo, Abril Cultural, 1983.

KROIKE, Marieta et alii. Caracterização da área de Serviço Social. *Cadernos Abess*, nº 7. São Paulo, Cortez, nov. 1997, pp. 77-92.

KURZ, Robert. *O colapso da modernização*. Trad. de Karin Elzabe Barbosa. Rio de Janeiro, Paz e Terra, 1993.

LAMOUNIER, B. (org.). *De Geisel a Collor: o balanço da transição*. São Paulo, Idesp/Sumaré, 1990.

LANDIM, Leilah. *Para além do mercado e do Estado? Filantropia e cidadania no Brasil*. Rio de Janeiro, Fase, jun. 1993.

_____. Ação privada em benefício público: breve histórico das ONGs no Brasil. *Advir*, nº 4. Rio de Janeiro, Asduerj, set. 1994.

LAURELL, Asa C. (org.). *Estado e políticas sociais no neoliberalismo*. São Paulo, Cortez/Cedec, 1995.

LECHNER. N. Estado, mercado e desenvolvimento na América Latina. *Lua Nova*, nº 28. São Paulo, Cedec/Marco Zero, 1993.

LEITE, M. O. *O futuro do trabalho*. São Paulo, Scritta, 1994.

LIPIETZ, Alain. *Miragens e milagres*. São Paulo, Nobel, 1988.

LOJKINE, Jean. *O Estado capitalista e a questão urbana*. São Paulo, Martins Fontes, 1981.

_____. *A revolução informacional*. São Paulo, Cortez, 1995.

LOPES, José R. Ética, mercado de trabalho e atuação profissional no campo da assistência social. *Serviço Social & Sociedade*, nº 54. São Paulo, Cortez, jul. 1997, pp. 63-74.

LOPES, Paulo R. C. *A relação entre o público e o estatal*. Rio de Janeiro, 1995, mimeo.

MANDEL, Ernest. *O capitalismo tardio*. São Paulo, Nova Cultura, 1985.

_____. *A crise do capital*. São Paulo, Unicamp, 1990.

MARRAMAO, Giacomo. Política e complexidade: o Estado tardo-capitalista como categoria e como problema teórico. In: HOBSBAWM, Eric (org.). *História do marxismo*, vol. 12. Rio de Janeiro, Paz e Terra, 1989.

MARSHALL, T. H. *Cidadania, classe social e status*. Rio de Janeiro, Zahar, 1967.

MARTINELLI, Maria Lúcia. *Serviço Social: identidade e alienação*. São Paulo, Cortez, 1989.

MARTINS, Luciano. *Estado capitalista e burocracia no Brasil pós-64*. Rio de Janeiro, Paz e Terra, 1985.

MARX, Karl. Para a crítica da economia política. In: *Marx*. São Paulo, Abril Cultural, 1978. (Coleção Os Pensadores.)

MATTOSO, Jorge E. L. *A desordem do trabalho*. São Paulo, Scritta, 1995.

MENDONÇA, Sônia R. *Estado e economia no Brasil: opções de desenvolvimento*. Rio de Janeiro, Graal, 1985.

MENEZES, Maria Thereza. C. G. de. *Em busca da teoria: políticas de assistência pública*. São Paulo/Rio de Janeiro, Cortez/UERJ, 1993.

MERCADANTE, Aloísio. Mudanças no capitalismo ampliam ainda mais a crise brasileira. *Boletim da CUT*, número especial. São Paulo, CUT, dez. 1987.

MESA-REDONDA DO CONSELHO EDITORIAL. A revista *Serviço Social & Sociedade* e os caminhos da profissão. *Revista Serviço Social & Sociedade*, nº 50. São Paulo, Cortez, abr. 1996, pp. 40-77.

MÉSZAROS, István. *Produção destrutiva e Estado capitalista*. São Paulo, Ensaio, 1989.

MISHRA, Ramesh. *O Estado-Providência na sociedade capitalista: estudo comparativo das políticas públicas na Europa, América e Austrália*. Oeiras/Portugal, Celta Editora, 1995.

MONTAÑO, Carlos E. O Serviço Social frente ao neoliberalismo: mudanças na sua base de sustentação funcional-ocupacional. *Serviço Social & Sociedade*, nº 53. São Paulo, Cortez, mar. 1997, pp. 102-125.

MOTA, Ana E. O pacto da assistência: articulações entre empresas e Estado. *Serviço Social & Sociedade*, nº 30. São Paulo, Cortez, abr. 1989, pp. 127-136.

_____. A cidadania do fordismo. *História e perspectiva*. Uberlândia, jul./dez. 1991, pp. 71-83.

_____. *Cultura da crise e seguridade social*. São Paulo, Cortez, 1995.

NASCIMENTO, E. P. Crise e movimentos sociais. hipóteses sobre os efeitos perversos. Revista *Serviço Social & Sociedade*, nº 43. São Paulo, Cortez, 1993, pp. 71-92.

NAVARRO, Vicente. Welfare e "keynesianismo militarista" na era Reagan. *Lua Nova*, n° 24, São Paulo, Cedec/Marco Zero, set. 1991, pp. 189-210.

_____. Produção e Estado de Bem-Estar: o contexto político das reformas. *Lua Nova*, n° 28, São Paulo, Cedec/Marco Zero, 1993.

NETTO, José Paulo. *Ditadura e Serviço Social: uma análise do Serviço Social pós-64*. São Paulo, Cortez, 1991.

_____. *Capitalismo monopolista e Serviço Social*. São Paulo, Cortez, 1992.

_____. *Crise do socialismo e ofensiva neoliberal*. São Paulo, Cortez, 1993.

_____. Transformações societárias e Serviço Social — notas para uma análise prospectiva da profissão no Brasil. *Serviço Social & Sociedade*, n° 50. São Paulo, Cortez, abr. 1996, pp. 87-132.

NOGAROLI, Marisa M. P. Dimensão da operacionalidade da LOAS no âmbito dos municípios: uma contribuição à sua efetivação. *Serviço Social & Sociedade*, n° 47. São Paulo, Cortez, abr. 1995, pp. 55-62.

O'CONNOR, James. *USA: a crise do Estado capitalista*. Rio de Janeiro, Paz e Terra, 1997.

OFFE, Claus. *O capitalismo desorganizado*. São Paulo, Brasiliense, 1989.

_____. *Problemas estruturais do Estado capitalista*. Rio de Janeiro, Tempo Brasileiro, 1984.

OLIVEIRA, Carlos E. B. & MATTOSO, Jorge E. L. (orgs.). *Crise e trabalho no Brasil. Modernidade ou volta ao passado?* São Paulo, Scritta, 1996.

OLIVEIRA, Francisco de. *A economia da dependência imperfeita*. Rio de Janeiro, Graal, 1977.

_____. O surgimento do antivalor. *Novos Estudos*, n° 22. São Paulo, Cebrap, out. 1988.

OLIVEIRA, Jaime A. & TEIXEIRA, Sônia M. F. *A imprevidência social*. Rio de Janeiro, Vozes/Abrasco, 1986.

OLIVEIRA, Jane S. A construção da pobreza como objeto de política pública. *Série Estudos de Saúde Coletiva*, n° 139. Rio de Janeiro, IMS/UERJ, nov. 1996, pp. 3-22.

PEREIRA, Jaime M. Crise do *Welfare State*, políticas do setor informal e consenso liberal na América Latina. *Cadernos CRH/UFBA*, n° 20, Salvador, 1994.

PEREIRA, Potyara A. O Estado de Bem-Estar e as controvérsias da igualdade. *Revista Serviço Social & Sociedade*, n° 20. São Paulo, Cortez, abr. 1986, pp. 66-81.

PEREIRA, Potyara A. *A Assistência Social como garantia de direitos: crítica aos equívocos conceituais e políticos.* Brasília, UnB/Neppos, 1989.

PIMENTA, Carlos C. Novos modelos de gestão descentralizada e de parceria para as administrações estaduais. *RAP. Revista de Administração Pública*, vol. 3, n° 29. Rio de Janeiro, Fundação Getúlio Vargas, jul./set. 1995.

PONTES, Lucia & BRAVA, Silvio C. As ONGs e as políticas públicas na construção do Estado democrático. *Revista Serviço Social & Sociedade*, n° 50. São Paulo, Cortez, abr. 1996, pp. 133-142.

PONTES, Reinaldo N. *Mediação e Serviço Social.* São Paulo, Cortez, 1995.

POULANTZAS, Nicos. *O Estado, o poder, o socialismo.* Rio de Janeiro, Graal, 1985.

PRZEWORSKY, Adam. A falácia neoliberal. *Lua Nova*, n° 29. São Paulo, Cedec/Marco Zero, 1993.

_____. *Capitalismo social e democracia.* São Paulo, Cia. das Letras, 1991.

_____. *Democracia e mercado no Leste Europeu e na América Latina.* Rio de Janeiro, Relume-Dumará, 1994.

RANGEL, Ignacio. *Economia: milagre e antimilagre.* Rio de Janeiro, Zahar Editor, 1985.

ROSANVALLON, Pierre. *A crise do Estado de Providência.* Lisboa, Editorial Inquérito, 1984.

SABÓIA, João. Tendências do mercado de trabalho metropolitano: Des(assalariamento) da mão-de-obra e precarização das relações de trabalho. *Globalização, fragmentação e reforma urbana — O futuro das cidades brasileiras na crise.* Rio de Janeiro, Civilização Brasileira, 1994a, pp. 93-119.

_____. Trabalho e renda no Brasil na década de 80. *Série: Texto para Discussão.* Rio de Janeiro, Instituto Economia Industrial/UFRJ, 1994b.

SADER, Emir & GENTILI, Pablo. (orgs.). *Pós-neoliberalismo. As políticas sociais e o Estado democrático.* Rio de Janeiro, Paz e Terra, 1995.

SALAMA, P. Intervenção do Estado e legitimação na crise financeira: o caso dos países semi-industrializados. *Revista de Economia Política*, n° 4. São Paulo, Brasiliense, out./dez. 1988.

SANTOS, Boaventura. S. *Pela mão de Alice.* São Paulo, Cortez, 1995.

SANTOS, Wanderley G. dos. *Cidadania e justiça.* A política social na ordem brasileira. Rio de Janeiro, Campus, 1987.

_____. Querem mutilar a democracia. Rio de Janeiro, *Jornal do Brasil*, 9/1/84, pp. 13-14.

SCHAFF, A. *A sociedade informática*. São Paulo, Brasiliense, 1987.

SERRA, Rose M. S. A crise da materialidade no Serviço Social. *Serviço Social & Sociedade*, n° 41. São Paulo, Cortez, abr. 1993, pp. 147-157.

_____. *A crise da materialidade do Serviço Social e o redimensionamento da profissão frente à implantação do neoliberalismo no Brasil*. Rio de Janeiro, 1996, mimeo.

_____. (coord.). *O Serviço Social e seus empregadores: o mercado de trabalho nos órgãos públicos, empresas e entidades sem fins lucrativos no Estado do Rio de Janeiro*. Rio de Janeiro, FSS/UERJ, 1998.

SILVA, Maria Ozanira da S. Avaliação das políticas sociais: concepção e modelos analíticos. *Serviço Social & Sociedade*, n° 53. São Paulo, Cortez, mar. 1997, pp. 74-101.

SIMIONATTO, Ivete. *Gramsci: sua teoria, incidência no Brasil, influência no Serviço Social*. São Paulo, Cortez/Editora da UFSC, 1995.

SINGER, Paul. *Repartição da renda; pobres e ricos sob o regime militar*. Rio de Janeiro, Zahar, 1986.

SOLA, Lourdes (org.). *Estado, mercado e democracia. Política e economia comparadas*. São Paulo, Paz e Terra, 1993.

SORS, B & ALMEIDA, M. H. T de (orgs.). *Sociedade política no Brasil pós-64*. São Paulo, Brasiliense, 1983.

SOUZA, A. T. de. A crise contemporânea e a nova ordem mundial — as forças produtivas e as classes sociais na atual ordem hegemônica. *Universidade e Sociedade*, n° 6. Brasília, Andes, fev. 1994.

SPOSATI, Aldaíza. *Carta tema: Assistência Social no Brasil*. São Paulo, Cortez, 1992.

_____. Cidadania e comunidade solidária. *Serviço Social & Sociedade*, n° 48. São Paulo, Cortez, ago. 1995, pp. 124-147.

SPOSATI, Aldaíza et alii. *Assistência na trajetória das políticas sociais brasileiras*, São Paulo, Cortez, 1988.

_____. *Os direitos (dos desassistidos) sociais*. São Paulo, Cortez, 1991.

SWEEZY, P. & BARAN, P. A. *Capitalismo monopolista*. Rio de Janeiro, Zahar, 1978.

TAVARES, Maria da Conceição & FIORI, José L. *(Des)ajuste global e modernização conservadora*. Rio de Janeiro, Paz e Terra, 1993.

TAVARES, Maria da Conceição & ASSIS, J. C. de. *O grande salto para o caos*. Rio de Janeiro, Zahar, 1986.

TAYLOR-GOOBY, P. Welfare, hierarquia e a "nova direita" na era Thatcher. *Lua Nova*, n° 24. São Paulo, Cedec/Marco Zero, set. 1991, pp. 165-185.

TEIXEIRA, Sônia M. F. Cidadania, direitos sociais e Estado. *Revista de Administração Pública*, n° 4. Rio de Janeiro, FGV, out./dez., 1986.

THIOLLENT, Michel. *Crítica metodológica, investigação social e enquete operária*. São Paulo, Eles, 1982.

VACCA, Giuseppe. Estado e mercado, público e privado. *Lua Nova*, n° 24. São Paulo, Cedec/Marco Zero, set. 1991, pp. 151-164.

VASCONCELOS, Eduardo M. Estado e políticas sociais no capitalismo: uma abordagem marxista. *Serviço Social & Sociedade*, n° 28. São Paulo, Cortez, dez. 1988, pp. 5-32.

_____. Políticas sociais no capitalismo periférico. *Serviço Social & Sociedade*, n° 29. São Paulo, Cortez, abr. 1989, pp. 67-104.

VERDES-LEROUX, Jeannine. *Trabalhador social — Prática, hábitos, ethos, formas de intervenção*. São Paulo, Cortez, 1986.

VIANNA, Maria Lúcia W. A emergente temática da política social na bibliografia brasileira. *BIB*, n° 28. Rio de Janeiro, 2° semestre de 1989.

_____. Desproteção social, mercado e pobreza: a americanização perversa do sistema de saúde no Brasil. *Série: Texto para Discussão*, n° 286. Rio de Janeiro, Instituto de Economia Industrial/UFRJ, 1992.

_____. Perspectivas da seguridade social nas economias centrais: subsídios para discutir a reforma brasileira. *A previdência social e a reforma constitucional*, vol. IV. Brasília, MPS/Cepal, 1994.

_____. Trabalho e proteção social: velhos problemas e novas estratégias no contexto brasileiro. *Série: Textos para discussão*, n° 345. Rio de Janeiro, Instituto de Economia Industrial/UFRJ, 1995.

VIEIRA, Evaldo. *Estado e miséria social no Brasil de Getúlio a Geisel*. São Paulo, Cortez, 1985.

_____. *Democracia e política social*. São Paulo, Cortez, 1992.

_____. As políticas sociais e os direitos sociais no Brasil: avanços e retrocessos. *Serviço Social & Sociedade*, n° 53. São Paulo, Cortez Editora, mar. 1997, pp. 67-73.

VIZENTINI, P. G. F. (org.). *A grande crise*. Rio de Janeiro, Vozes, 1992.

WANDERLEY, Luiz Eduardo. A Nova (des)ordem mundial: implicações para a Universidade e a formação profissional. *Serviço Social & Sociedade*, n° 44. São Paulo, Cortez, abr. 1994, pp. 5-25.

WEISSHAUPT, Jean Robert (org.) *As funções sócio-institucionais do Serviço Social*. São Paulo, Cortez, 1995.

YAZBEK, Maria Carmelita. *Classes subalternas e assistência social*. São Paulo, Cortez, 1993.

2. Documentos

ABONG. As ONGs e a realidade brasileira. *Cadernos Abong*, nº 8. São Paulo, Abong/CNAS, jun. 1995.

ANUÁRIO ESTATÍSTICO DO RIO DE JANEIRO. Rio de Janeiro, Secplan/Cide, 1990/1995.

BANCO MUNDIAL. Relatório sobre o desenvolvimento mundial/1990. Rio de Janeiro, FGV, 1990.

_____. Relatório sobre o desenvolvimento mundial/1995, Rio de Janeiro, FGV, 1995.

_____. Relatório sobre o desenvolvimento mundial/1996. Rio de Janeiro, FGV, 1996.

BEHRING, Elaine. *Política social e capitalismo contemporâneo, um balanço crítico-bibliográfico*. Dissertação (Mestrado em Serviço Social). Escola de Serviço Social, Universidade Federal do Rio de Janeiro, 1993, mimeo.

BRASIL. Presidente Fernando Henrique Cardoso. *O mercado de trabalho e a geração de empregos*. Brasília/DF, Assessoria de Comunicação Social, 1996.

CADASTRO de Assistentes Sociais do Rio de Janeiro (Relatório final de Pesquisa — FSS/UERJ, ESS/UFRJ, PUC-RJ, Abess-Leste, Cress — 7ª Região e Enesso). Rio de Janeiro, 1996.

CAGED — Cadastro Geral de Empregados e Desempregados, 1990-1996, Brasília, Ministério do Trabalho, 1996.

CARDOSO, Isabel C. C. *Reestruturação industrial e políticas empresariais no Brasil dos anos 80*. Dissertação (Mestrado em Serviço Social). ESS/UERJ. Rio de Janeiro, 1996.

CARGOS Ocupados e Vagos de Assistente Social. Brasília, Ministério da Administração Federal e Reforma do Estado (Mare), 1996.

CLASSIFICAÇÃO Brasileira de Ocupações (CBO). Brasília, Secretaria de Políticas de Emprego e Salário/MT, 1994, pp. 105-106.

DEMANDAS atuais à profissão de Serviço Social (Segundo Relatório Preliminar de Pesquisa). Departamento de Serviço Social/UFPE, Recife, 1994.

DIEESE — Departamento Intersindical de Estatística e Estudos Sócio-Econômicos. *Trabalho e reestruturação produtiva. 10 anos de linha de produção.* São Paulo, 1994.

_____. *Serviço Social: trajetória e perspectivas* (Relatório final de Pesquisa — FSS/UERJ, ESS/UFRJ, PUC-RJ, Abess-Leste, Cress — 7ª Região e Enesso). Rio de Janeiro, 1997.

EXECUÇÃO de Despesas — Contas do Governo. Rio de Janeiro, Tribunal de Contas, 1996.

FERREIRA, Ivanete S. B. *Assistência social pública e neoliberalismo: as falácias do governo Collor.* Dissertação (Mestrado em Serviço Social). Brasília, Universidade de Brasília (UnB), 1993, mimeo.

FIGUEIREDO, F. *Levantamento e análise das avaliações de políticas sociais.* Campinas, NEPP/Unicamp, 1985.

GENTILLI, Raquel M. L. *Identidade profissional do Serviço Social: diversidade e pluralidade.* Tese (Doutorado em Serviço Social). São Paulo, PUC, 1994.

GUIMARÃES, D. M. et alii. *As políticas sociais no Brasil.* Brasília, Serviço Social da Indústria. DN Super — Ditec, 1993.

IPEA — Instituto de Pesquisa Econômica Aplicada. *Relatório sobre o Desenvolvimento Humano no Brasil/1996.* Brasília, Ipea, 1996.

_____. *O Brasil na virada do milênio: trajetória do crescimento e desafios do desenvolvimento*, vols. 1 e 2. Brasília, Ipea, 1997.

LOAS — Lei Orgânica da Assistência Social. Lei 8742 de 7/12/93. Sancionada pelo presidente Itamar Franco.

MÉDICE, André C. *Os gastos públicos federais com as políticas sociais.* Brasília/São Paulo, Abong/CNAS, 1995.

MUNIZ, Katia C. P. et alii. *Reforma do Estado: considerações sobre a proposta de reforma administrativa no atual governo.* Rio de Janeiro, jun. 1996, mimeo.

NÚCLEO DE SEGURIDADE E ASSISTÊNCIA SOCIAL. *Assistência social: polêmicas e perspectivas.* São Paulo, PUC, 1995.

OLIVEIRA, Francisco de. *Estado, sociedade, movimento sociais e políticas públicas no limiar do século XXI.* Rio de Janeiro, Fase, 1994.

_____. *A questão do Estado: vulnerabilidade social e carência de direitos.* Brasília/São Paulo, Abong/CNAS, 1995.

PEREIRA, Luiz Carlos B. *A reforma do aparelho do Estado e a Constituição brasileira.* Brasília, Ministério da Administração Federal e Reforma do Estado, 1995.

PRESIDÊNCIA DA REPÚBLICA. *Plano Diretor da reforma do aparelho do Estado*. Brasília, 1995.

PROGRAMA Comunidade Solidária. Decreto 1.366 de 12.1.1995.

REVISTA *VEJA*. O fim do emprego e o novo profissional, ano 27, n° 42. São Paulo, Abril, out. 1994.

REVISTA Black People n° 4. Rio de Janeiro, *Folha Popular*, maio 1998.

ROCHA, Luciene. *Serviço Social: uma linha cruzada no programa de qualidade total da Telerj* (Trabalho de conclusão de Curso). Rio de Janeiro, FSS/UERJ, 1994.

SCHONS, Selma M. *Assistência social, entre a ordem e a desordem. Mistificação dos direitos sociais e da cidadania*. Dissertação (Mestrado em Serviço Social). São Paulo, PUC/SP, 1994, mimeo.

UNIVERSIDADE DE BRASÍLIA. Departamento de Sociologia. *Cidadão, Estado e políticas no Brasil contemporâneo*. Brasília, Editora UnB, 1986.

YAZBEK, Maria Carmelita & SPOSATI Aldaíza. *Política de Assistência Social*. Brasília/São Paulo, Abong/CNAS, 1995.